회의·토론, 어디까지 아니?

회의·토론, 어디까지 아니?

초판 1쇄 2017년 11월 10일
초판 5쇄 2020년 4월 27일

글쓴이 | 김윤정
그린이 | 에스더
펴낸이 | 조영진
펴낸곳 | 고래가숨쉬는도서관
출판등록 | 제406-2012-000082호
주소 | 경기도 파주시 회동길 329 (서패동) 2층
전화 | 031-955-9680~9681 팩스 | 031-955-9682
홈페이지 | www.goraebook.com
이메일 | goraebook@naver.com

글 ⓒ 김윤정 2017 | 그림 ⓒ 에스더 2017

* 값은 뒤표지에 적혀 있습니다.
* 잘못 만든 책은 구입하신 서점에서 바꾸어 드립니다.
* 책의 내용과 그림은 저자나 출판사의 서면 동의 없이 마음대로 쓸 수 없습니다.

ISBN 979-11-87427-47-6 74330
　　　978-89-97165-49-0 74080(세트)

이 도서의 국립중앙도서관 출판시도서목록(CIP)은 e-CIP홈페이지(http://www.nl.go.kr/ecip)와
국가자료공동목록시스템(http://www.nl.go.kr/kolisnet)에서 이용하실 수 있습니다.(CIP제어번호: CIP2017024306)

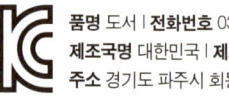

품명 도서	전화번호 031-955-9680	제조년월 2020년 4월
제조국명 대한민국		제조자명 고래가숨쉬는도서관
주소 경기도 파주시 회동길 329 2층		사용 연령 10세 이상

*KC마크는 이 제품이 공통안전기준에 적합하였음을 의미합니다.

작가의 말 6

1장 현수 이야기 8
불만 가족 10 | 엄마는 너무해 15

가족회의는 어려워 19 | 다수결이면 다야? 29

서로 의견이 나뉘어 답답할 때 37

2장 윤이 이야기 42
난장판 교실 44 | 폭탄 맞은 학급 회의 49

미안해 카드, 괜찮아 카드 59

회의를 대하는 우리들의 자세 68

3장 윤이 이야기 74

스마트폰은 너무해 76 | 토론 울렁증 82

진짜 토론은 지금부터 95

다른 사람을 설득하고 싶을 때 104

4장 현수 이야기 110

사라진 아빠 112 | 아빠는 괴로워 118

그래도 회의는 필요해 126

세상을 움직이는 '회의' 134

부록 | 가족 회의록 143

　　　학급 회의록 144

작가의 말

토론과 토의는 무엇일까요? 너무 거창한 단어에 머리가 지끈 아픈가요? 하지만 천천히 생각해 보면 우리는 이미 생활 속에서 토론과 토의를 반복하고 있답니다. 친구, 가족, 선생님과의 대화 속에 토론과 토의가 숨어 있지요.

간단하게 설명하면, 토의는 어떤 문제에 대해 함께 잘 해결하기 위해 머리를 모으는 과정이에요. 토론은 서로 다른 의견이 있는 사람들이 상대방을 설득하는 과정이고요. 그리고 이런 의견을 나누는 자리와 시간을 '회의'라고 하지요.

예를 들어, 함께 청소를 빨리 끝내기 위해서 친구들과 역할을 나누고 방법을 찾는 건 토의고, 아파트 단지에서 아이들이 안전하게 놀기 위해 어떻게 하면 좋을지 이야기하는 것도 토의예요. 그리고 친구들과 어떤 책을 읽고 주인공의 행동에 대해 찬성과 반대로 나뉘어 이야기했다면 그건 토론이에요. 가족끼리 여행을 갈 때에 바다로 갈지 숲으로 갈지 의견이 나뉘어 설득하는 말하기 듣기를 했다면 그 또한 토론이 될 수 있어요. 토의와 토론의 차이점이 무엇인지 조금은 느낌이 왔나요? 일상생활 속에 토의와 토론이 숨어 있다는 말도 알겠지요?

이러한 이야기들을 여러분과 편하게 이야기하려면 어떻게 해야 할까 고민하다 또래 친구 윤이와 현수를 불러왔어요. 윤이와 현수가 겪은 일들을 동화로 들려주고 회의와 토론에 대해 생각해 보려고요. 회의를 왜 해야 하는 건지, 토의와 토론은 또 무엇인지, 다른 사람과 의견을 나눌 때에 어떤 마음가짐이 필요한지 등을 이야기하고 싶었어요.

물론 짧은 책 안에 아주 많은 이야기들을 담지는 못했어요. 그러니 여러분이 이 책을 읽고 나서 회의와 토론에 대한 더 많은 이야기들을 이어 나갔으면 하는 바람도 있답니다. 힘들고 복잡한 의견 나누기 과정을 마치고 나면 좀 더 나은 결말로 나아갈 수 있을 거예요.

그리고 서로 '다름'을 인정하고 생각을 존중하면 아주 풍성한 이야기들이 펼쳐질 수 있어요. 이런 이야기들을 알아 간다면 더욱 좋을 것 같아요. 여러분들이 다른 사람과 의견을 주고받는 과정을 잘 이해하고 성장한다면 세상에 더 많은 토론들이 생길 거라 생각해요.

현수 이야기

불만 가족

엄마는 너무해

가족회의는 어려워

다수결이면 다야?

서로 의견이 나뉘어 답답할 때

불만 가족

"아, 진짜! 누나 왜 또 새치기하는데!"

서둘러 숙제를 마치고 방에서 나왔더니, 또 누나가 먼저 컴퓨터 앞에 앉아 있었어요.

"나 학원 가걸랑 네가 하면 되잖아."

"내 차례인데, 왜 만날 누나 마음대로야?"

"진짜 옆에서 쫑알쫑알! 저리 안 가?"

누나는 목소리를 쫙 깔더니 모니터에서 눈을 떼지도 않고 말했어요. 메신저 대화창을 잔뜩 띄워 놓고 키보드를 치는 손가락은 보이지도 않아요.

우리 집은 날마다 컴퓨터 사용 때문에 전쟁이에요. 나름 규칙이 있는데도 새치기하는 누나 때문에 규칙을 지키는 나만 손해예요. 누나는 매번 내가 숙제하는 틈에 끼어들었어요. 그래서 오늘은 책상 의자에 엉덩이를 반만 걸치고 숙제를 몰아쳐서 했는데, 누나가 또 내 자리를 차지하고 있는 걸 보니까 머리털이 바짝 솟았어요.

"오늘은 못 참아! 빨리빨리 비켜!"

나는 컴퓨터 책상 의자에 앉아 있는 누나를 엉덩이로 마구 밀었어요. 누나는 팔꿈치로 나를 밀었고요. 그래봤자 아직은 2학년인 나는 밀리기만 할 뿐이에요. 4학년이 되더니 누나는 더 고약해졌어요. 나는 약이 바짝 올라서 씩씩거리다가 플러그를 뽑아 버렸어요.

"엄마야! 지금 중요한 얘기 중이었는데!"

누나가 비명을 지르면서 나를 째려봤어요.

나는 지지 않으려고 눈을 부릅떴어요. 누나 눈 끝에 살짝 물방울이 맺히면서 입이 튀어나오기 시작했어요. 결전의 순간이 왔어요. 나는 미리 주먹을 살짝 쥐었어요.

"야! 너 오늘 나한테 혼나 봐!"

"누나가 뭔데?! 악!"

우린 서로 할퀴고 때리고 난리가 났어요. 울고불고하느라 옆에 엄마가 와 있는지도 몰랐어요.

"잘한다, 잘해! 현수 너 숙제 다 했어? 윤이 너 학원 갈 준비 안 하고 동생이랑 싸움질이야? 둘 다 조용히 못해!"

엄마가 버럭 지르는 소리에 움찔 몸이 멈추었어요.

그때, 누나 눈에서 눈물이 뚝뚝 떨어졌어요. 아, 저 거짓 눈물! 나도 어서 눈물이 나와야 되는데 눈물은 안 나오고 콧물이…… 아니, 이건 코피잖아!

"으앙! 엄마, 엄마 나 피!"

코를 스윽 훔치고 나서 손에 묻은 피를 보자마자 울음이 터졌어요.

"아휴, 내가 못 살아. 사이좋게 쓰라고 시간표까지 짜 줬더니 싸우기나 하고. 이럴 거면 아무도 하지 마!"

엄마는 내 코피를 닦아 주고는 등짝을 팡팡 때렸어요. 서럽고 억울해서 나는 더 큰 소리로 울었어요. 누나도 질세라 쿵쿵쿵 발을 구르며 방으로 들어가 문을 잠갔어요. 엄마는 문 열라고 또 화를 내고…… 엉망이 되었어요. 오늘도 컴퓨터 하나 때문에 우리 집은 지옥 불구덩이가 되어 버렸어요

엄마는 너무해

그날 이후로 우리는 이틀 동안 컴퓨터 근처엔 얼씬도 못 했어요. 컴퓨터가 잘 있나 살짝 보고만 와야지 하고 들여다보려고 하면 엄마가 어떻게 알았는지 "흠!" 하고 소리를 냈어요.

나는 책상에 앉아서 일단 책을 폈어요. 엄마는 내가 책을 보는 것을 제일 좋아하거든요. 책을 펴 놓고 곰곰 생각해 봤어요. 누나랑 나랑 만날 싸우는 이유는 컴퓨터 시간표인데, 그럼 시간표가 잘 맞지 않는 건 아닐까? 아빠도 컴퓨터 사용하는 시간표가 불공평하다고 이야기한 적이 있거든요. 어쩌면 엄마가 일방적으로 짠 시간표 때문에 우리 모두 싸우고 있는지도 몰라요.

엄마는 뭔가 결정할 때 늘 마음대로예요. 외식할 때에도, 놀러 갈 때에도, 남의 의견을 듣는 척하면서 결국 엄마 마음대로 정해 버린다니까요. 완전 독불장군이에요. 한자를 배우는 시간에 '독불장군'이라는 사자성어를 보고 불도그처럼 화를 내는 엄마 얼굴이 딱 떠오를 정도였어요.

나는 슬그머니 누나 방으로 가서 빠끔 얼굴을 내밀었어요. 엄마가 시장에 간 지금이 절호의 찬스예요. 책상에 앉아 골똘히 뭔가 생각하던 누나가 곁눈질로 나를 쳐다봤어요. 그러더니 새침하게 말을 걸어 주었지요.

"왜 왔냐?"

나는 아까 생각했던 컴퓨터 시간표에 대해서 차분히 이야기했어요.

"그래 맞아. 그 시간표 너무 엄마 위주야. 우리 의견은 하나도 물어보지 않았잖아."

"응. 아빠랑 힘을 합치자."

우리는 마주 보고 씩 웃었어요. 별일이에요. 누나랑 마음 맞는 날이 오다니!

아빠가 퇴근하고 집에 오자마자 우리는 쪼르르 아빠를 따라 방으로 들어갔어요. 아빠는 요즘 뭐 때문인지 많이 피곤해 보여요. 우리 둘이 열심히 아빠한테 이야기했지만 아빠는 대충 대답하고 풀썩 침대에 누웠어요. 우리는 낮 동안 잔뜩 기대했는데 조금 김이 빠졌어요.

식탁에 둘러앉은 우리 셋은 모두 입이 뚜 나와 있었어요.

"다들 왜 이렇게 기운이 없어? 반찬이 맛이 없어?"

우리는 서로 잠깐 마주 보다가 말을 꺼냈어요.

"우리 컴퓨터 시간표 다시 짰으면 좋겠어."

누나가 용기 있게 먼저 말했어요.

"어이구, 컴퓨터 못 하게 했더니 둘 다 오리마냥 입 내밀고 있었던 거야? 안 돼. 싸웠으니까 일주일 동안 못 해."

"일주일 동안만 못 하면 뭐해? 엄마가 짜 준 시간표대로면 우리 또 싸울 것 같아."

나도 힘을 주어 한마디 했어요.

엄마는 어이없다는 듯 피식 웃다가 이렇게 말했어요.

"그래. 오랜만에 가족회의 한번 하지, 뭐."

앵? 가족회의? 나는 휙 누나 얼굴을 쳐다봤어요. 우리 얼굴에 또 한 번 절망의 빗금이 그어졌어요.

가족회의는 어려워

　가족회의란 가족끼리 화목하게 하는 회의래요. 이건 누나가 학교에서 배워 온 거예요. 얼마 전, 누나의 학교 숙제로 가족끼리 회의를 하고 나서 가족 신문을 만들어 간 적이 있어요. 그때 처음으로 가족회의를 해 봤는데 그날을 잊을 수가 없어요.

　누나는 '가족회의'라는 주제로 신문을 꾸며야 한다고 했어요. 회의를 하고 나서 그 내용을 바탕으로 기사를 쓰겠다고 했지요. 선생님이 '솔직하고 진지하게' 신문을 만들어 오라고 했다며 거듭 강조했어요.

　처음에는 누나 덕분에 이런 것도 해 본다며 모두 좋아했어요. 누나는 학교에서 배운 대로 사회자와 기록자를 정한 다음 회의를 진행하겠다고 했어요. 그래서 사회는 누나가 맡고 기록은 아빠가 해 주기로 했어요.

　놀이용 화이트보드에 회의를 기록하기도 했어요. 화이트보드 위에 '우리 가족이 더 화목해지기 위해 해야 할 일'이라고 회의 주제를 쓰고 나니 그럴듯했어요. 나는 처음 해 보는 회의라서 조금 진지한 마음도 들었어요. 그도 그럴 것이 누나가 목소리를 깔고 회의 시작을 알리는 말을 했거든요.

"그럼 지금부터 '우리 가족이 더 화목해지기 위해 해야 할 일'이라는 주제로 회의를 시작하겠습니다!"

사회자가 된 누나는 발랄하게 이야기를 시작했어요.

나는 손을 번쩍 들었어요.

"나는 엄마가 소시지 반찬을 더 많이 해 줬으면 좋겠어요."

누나가 씩 웃으면서 엄지를 추켜세웠어요.

"또 다른 의견은 없습니까?"

"텔레비전도 더 많이 보고 싶어요."

아빠는 화이트보드에 내가 한 말들을 적은 다음 멋쩍게 웃으면서 손을 들며 말했어요.

"나도 주말에 자전거 동호회 들면 안 될까? 스트레스를 풀면 가족들에게 더 잘하게 될 것 같아요."

아빠의 한마디에 우리도 봇물 터지듯 의견을 쏟아 냈어요.

"스트레스를 풀고 싶다는 아빠의 말에 동의합니다! 주말에는 늦잠을 잤으면 좋겠습니다. 아침 일찍 청소도 안 했으면 좋겠어요. 잠이 달아나잖아요."

"엄마, 나도 초코볼 하루에 두 개씩 먹고 싶어요."

누나랑 나는 서로 경쟁하듯 원하는 것을 이야기했어요. 아빠는 기삿거리가 많다며 신이 나 받아 적고 있었지요.

회의 주제
우리 가족이 더 화목해지기 위해 해야 할 일

회의 내용

- 소시지 반찬을 더 자주 먹고 싶어요.
- 텔레비전을 조금 더 오래 보고 싶어요.
- 아빠는 주말에 자전거 동호회를 들고 싶어요.
- 주말에는 늦잠을 자게 해 주세요.(아침 청소 X)
- 초코볼은 하루에 두 개 먹고 싶어요.

그런데 신나서 이것저것 이야기하고 나니 일방적으로 엄마한테만 건의를 하고 있다는 걸 깨달았어요. 점점 엄마의 얼굴에 싸늘한 바람이 불었어요.

"다들 이러기야? 나도 할 말 많아."

엄마는 번쩍 손을 들었어요.

"아…… 네, 엄마 이야기하세요."

"일요일 아침에 늦잠 자면 오후에는 못 놀고 청소만 해야 할 텐데 그래도 좋아? 소시지 반찬과 초코볼은 지금도 충분해. 그리고 아빠는 동호회 들 생각하지 말고 윤이와 현수랑 함께 자전거 타는 건 어때요? 그럼 나도 의견 좀 낼게. 윤이랑 현수는 이제부터 각자 자기 방은 자기가 청소했으면 좋겠어. 빨래도 자기 건 자기가 개고! 이제 그런 일들을 조금씩 도울 나이가 됐지?"

"그, 그래…… 허허. 윤이랑 현수도 이제 컸으니까 엄마 일을 조금씩 돕자. 그것도 화목해지는 방법……이야."

엄마 표정이 매서워지자 아빠가 재빨리 엄마 편을 들었어요.

"그리고 저녁 설거지는 당신 당번이에요."

엄마는 아빠의 말이 끝나기 무섭게 덧붙였어요.

"응? 나도? 난 빼 줘. 야근도 많아서 힘든데……."

"앗, 엄마 내가 사회자야. 발언권 안 줬는데 계속 얘기하기야?"

"시끄러워. 다들 엄마 일은 돕지도 않으면서 왜 이렇게 불만만 많아?"

우리 셋은 다들 깨갱 하고 꼬리를 내렸어요.

하지만 엄마의 의견은 아직 끝나지 않았어요. 왜 양말은 뒤집어 놓느냐는 말부터 시작해서 잔소리가 끊이지 않았지요. 이런 게 회의라는 건지 나는 조금씩 헷갈리기 시작했어요.

결국 그날 회의의 끝은 싸움으로 마무리됐어요. 아빠랑 엄마는 집안일 분담 문제로 말다툼을 했고, 나는 누나 눈치 보랴 엄마 아빠 눈치 보랴 눈알을 데굴데굴 굴리기만 했어요. 누나는 혼자 신문을 만들다가 엉엉 울음을 터뜨렸고요. 아빠가 밤새 누나를 달래며 간신히 신문을 만들어 가서 그나마 다행이었어요.

그 '가족회의'를 또 하자는 말을 듣고 누나랑 나는 동시에 얼굴이 어두워졌어요. 이러다 또 싸움이 나면 영영 컴퓨터를 못 쓸지도 모르잖아요.

밥을 다 먹고 거실에 둘러앉은 우리 앞에 엄마가 컴퓨터 시간표를 내밀었어요.

윤이·현수네 컴퓨터 시간표

오전: 엄마

오후 3시: 현수 두 시간(조건: 반드시 숙제를 끝내고 해야 함.)

오후 5시: 윤이 두 시간(조건: 학원 다녀와서 해야 함.)

오후 8시: 아빠 두 시간(조건: 저녁 설거지를 하고 나서 해야 함.)

오늘은 사회자이자 기록자인 아빠가 화이트보드 위에 '컴퓨터 사용 시간을 정하기'라고 회의 주제를 쓰고 엄마가 내민 시간표를 자석으로 붙여 주었어요.

엄마는 의기양양하게 이야기를 시작했어요.

"이것보다 더 좋은 방법이 있는 사람은 의견을 내 주세요."

엄마는 자신 있어 보였어요.

우리는 절망해서 시간표를 바라보았어요. 문득 이상한 걸 느꼈는지 누나가 야무지게 손을 들었어요.

"엄마만 이용 시간이 정해져 있지 않은 건 이상합니다. 그리고 엄마만 이용 조건이 없어요. 불공평한 시간표이기 때문에 시간을 다시 정했으면 좋겠어요."

"왜 조건이 없어? 엄마는 엄마가 할 일이 끝나면 하는 거지. 바쁘니까 틈날 때마다 하는 거고."

엄마의 대답은 거침없었어요. 한참 침묵이 이어졌어요.

그때 아빠가 손을 들었어요.

"나는 이 시간표대로면 컴퓨터를 못 쓰는 거나 마찬가지인데, 주말로 배정하거나 다시 정하면 안 될까?"

"뭐? 주말에도 컴퓨터만 하고 있으려고? 안 돼!"

엄마는 단호했어요.

우리는 한참 실랑이를 벌였어요. 누나는 왜 이렇게 독단적이냐면서 구성원의 의견을 잘 들어 주지 않는 건 회의가 아니라고 했어요. 엄마는 더 의견 없으면 회의를 끝내자고 했지요. 나는 회의를 끝낸다고 할까 봐 얼른 손을 들고 이야기했어요.

"저, 저는 숙제를 끝내고 하면 누나랑 시간이 겹쳐요!"

"맞아, 이렇게 시간을 정한 건 우리 의견이 전혀 반영되지 않은 거잖아. 나도 애들이랑 잠깐 메신저 할 수 있는 시간이 3시뿐이란 말이야."

쳇, 누나는 학원에 다녀오면 숙제를 해야 한다고 했지만 그건 핑계예요. 내가 봤을 때 그 시간에 누나가 숙제한 적은 다섯 손가락 안에 꼽히거든요. 우리를 바라보는 엄마의 눈빛은 매섭기만 했어요.

"이게 무슨 회의야? 의견을 말해도 하나도 들어 주지 않잖아."

내가 삐쭉 입을 내밀었어요.

우리는 너나 할 것 없이 자기 입장에서만 말하기 시작했어요. 두세 사람이 동시에 말을 하기도 했어요. 내 얘기 좀 들어 보라며 자기 말만 하느라 다른 사람의 이야기는 듣지도 않았던 거예요. 상대방 말을 자르는 건 예삿일이었어요.

엄마는 갑자기 회의를 정리하겠다고 하면서 거실에서 컴퓨터랑 텔레비전을 모두 없애고 책을 거실에 두겠다고 했어요. 그게 가족의 평화를 위해서 가장 좋은 방법이래요. 우리 셋은 모두 손사래를 쳤어요.

나는 혹 떼려다 붙인다는 말이 뭔지 제대로 알 것 같았어요. 누나랑 나는 아빠 얼굴을 간절한 눈빛으로 쳐다봤어요. 아빠도 땀만 흘리고 있었어요.

"다수결! 다수결로 해!"

그때, 누나가 이렇게 외쳤어요.

"다수결이 뭐야?"

내가 물었어요.

"그래, 다수결 좋다! 다수결은 여러 사람의 의견이 모아지지 않을 때 더 많은 사람이 찬성하는 쪽을 따르는 방식이야."

아빠가 나한테 눈을 찡긋하며 설명해 주었어요.

오, 저런 것도 알고, 오늘은 누나가 조금 달라 보이네요. 우리 셋의 표정이 다시 밝아지기 시작했어요.

다수결이면 다야?

누나는 벌떡 일어나 학교에서도 학급 회의 시간에 쓰는 방법이라며 또랑또랑 이야기했어요. 엄마는 살짝 당황한 듯했으나 더 이상 반대하진 못했어요.

"그럼 어떤 방식으로 했으면 좋겠는지 다시 한 사람씩 말해 봐. 나부터 얘기할게."

엄마가 먼저 의견을 냈어요.

"컴퓨터는 안방에 넣어 두고, 거실에는 책장만 두었으면 좋겠어. 텔레비전을 갑자기 없애는 건 힘드니까, 컴퓨터만 옮기자. 컴퓨터 쓰는 시간은…… 지금이 가장 좋은 방법이야. 내가 얼마나 고심해서 만든 건데!"

엄마의 얼굴이 벌게졌어요. 아빠는 엄마의 의견을 간단하게 화이트보드에 적었어요.

"컴퓨터를 안방에 놓는 건 공평하지 않아."

누나가 손을 번쩍 들었어요.

"아빠는 주말에 하는 게 좋으니까 토요일에는 아빠가 쓰고, 나랑 현수는 3시부터 1시간씩 번갈아 쓰자. 어때? 저녁 먹은 뒤로도 우리가 쓰는 거야. 토요일엔 아빠한테 더 많이 양보할게."

누나가 하는 말에 나랑 아빠의 귀가 쫑긋해졌어요.

"나는 반대야!"

엄마는 소리 높여 외쳤지만, 우리 셋은 찬성이라며 손을 번쩍 들었어요. 아빠는 주말 시간만 확보하면 된다는 생각인 것 같았어요. 우리는 다수결 원칙대로 한 거니까 따라 달라고 강력하게 요청했어요. 엄마는 어쩔 수 없이 알겠다고 하면서도 표정은 좋지 않았어요.

가족회의 다음 날, 누나는 학교에서 오자마자 가방을 던져두고 컴퓨터 앞에 앉았어요. 나는 숙제를 하면서도 시계만 보며 똥 마려운 강아지처럼 안절부절못했어요. 숙제를 다하고 나서도 누나 뒤에 서서 서성였지요. 5분, 3분, 2분, 1분…… 땡!

"얼른 나와. 한 시간 됐어!"

"야, 야박하게 이럴 거야? 1분만 기다려."

"누나, 또 이럴 거야?"

우린 엄마가 들을까 봐 소곤소곤 눈빛으로 싸웠어요.

그렇게 나랑 누나는 한 시간씩 돌아가면서 컴퓨터를 썼어요. 어쩐지 컴퓨터를 쓰고 있지 않은 동안에는 다른 일에 집중하지 못하고 눈이 시계에만 고정되어 있었어요. 두 시간씩 할 때에는 잘 못 느꼈는데 한 시간씩만 하려니 재미있어지는 순간에 멈춰야 해서 마음만 점점 더 조급해졌어요.

토요일에는 아빠가 당연한 듯이 하루 종일 컴퓨터를 했고, 나랑 누나는 다수결로 정했기 때문에 다른 말은 하지도 못하고 끙끙거리고만 있었어요. 예전엔 토요일 오후가 되면 아빠랑 나가서 자전거를 타거나 공놀이를 했었는데……. 일요일에는 셋이서 말도 못하게 컴퓨터 전쟁을 벌였고요. 엄마는 홀로 집안일을 하며 불만이 있어 보였지만 다수결로 정한 거라 그런지 더 이상 말을 하지 않았어요.

그러던 어느 토요일 오후, 마트에서 혼자 무거운 걸 들고 오던 엄마가 허리를 삐끗하는 일이 벌어졌어요. 셋 다 컴퓨터에 정신이 팔려 엄마 혼자 마트에 가는 줄도 몰랐지요. 허리를 다친 엄마를 대신해서 우리가 집안일을 했어요. 해도 해도 끝이 없는 집안일은 정말 힘들었어요. 아픈 엄마를 바라보고 있다 보니 다수결로 정한 것이 꼭 옳은 건 아니라는 생각이 들었어요.

"엄마 우리 다시 회의하자. 다수결이 항상 좋은 것만은 아닌 것 같아. 너무 우리 입장만 고집한 것 같아……."

누나는 눈물을 글썽였어요.

"그거, 다수결…… 무효해도 될까?"

엄마는 기운 없는 표정으로 이야기했어요.

우리는 다시 앉아서 각자 하루 동안 어떻게 생활하는지 이야기해 보았어요. 이야기하다 보니 엄마는 정말 많은 일을 하고 있었어요. 그에 비해 나랑 누나는 자유 시간이 참 많았고요.

"지금부터 조금씩 서로 양보하는 방향으로 시간표를 다시 짜 볼까?"

엄마의 말에 아빠도 얼른 의견을 내었어요.

"아빠는 저녁 먹은 뒤에 가족끼리 이야기하는 시간도 조금 있었으면 좋겠어. 물론 아빠가 야근을 하지 않는 날에는 엄마 일을 나눠서 하고 엄마에게 자유 시간도 줄 거야. 아빠는 엄마가 밤에 드라마를 보는 시간에 잠깐만 하는 걸로 할게. 윤이랑 현수는 어떻게 하고 싶어? 낮 시간은 둘이 맞춰 보아야 할 것 같은데."

누나는 나를 슬쩍 쳐다보면서 이야기했어요.

"나는 사실 학원 가기 전에 반 친구들이랑 잠깐 대화하는 시간이 필요해서 현수 숙제하는 동안 컴퓨터를 했던 거야. 학원 다녀와서는 시간이 지나 버려서 메신저 하기는 좀 그래. 근데 그러면 현수가 많이 기다려야 하니까 싫겠지만……."

"그럼 누나, 학원 가기 전에 30분만 하는 건 어때? 내가 그 정도는 기다릴 수 있어!"

누나는 눈이 동그래졌어요.

"정말? 고마워 현수야!"

나는 어깨가 으쓱해졌고요.

"현수가 크게 양보했네. 그럼 엄마도 조금 더 양보해서 현수가 주말 중 하루만 30분 동안 컴퓨터로 놀 수 있게 해 줄게. 어때?"

"와!"

나는 신이 나 소리쳤어요.

"아빠도 낮잠 줄일 테니 주말에는 우리 가족 다 함께 밖에 나가서 놀자. 운동도 하고 산책도 하고 말이야. 그러려면 일요일 아침에 같이 청소하는 건 바꿀 수 없겠지? 제 의견에 동의하십니까?"

우리 셋은 모두 손을 번쩍 들며 "찬성합니다!"라고 외쳤어요.

이렇게 가족회의 폭풍이 한바탕 지나갔어요. 나는 아직 회의하는 방법 같은 걸 학교에서 배우지는 않았지만 왜 회의가 필요한지는 알 것 같아요. 서로 의견을 나눌 때에는 상대방의 말을 잘 들어야 한다는 것도 말에요. 누나랑 이런 이야기를 진지하게 하면 낯간지러우니까 이럴 때에는 딱 부러지게 결론을 내 주는 우리 이모한테 이야기하는 게 제격이에요. 오늘 내가 컴퓨터 쓰는 시간에는 이모한테 이메일을 써야겠어요.

우리 가족회의 회의록!

회의 날짜: 20○○년 ○월 ○일
참가자: 아빠, 엄마, 누나, 나
회의 주제: 사이좋게 컴퓨터를 사용할 수 있는 방법

회의 내용
- 현수: 학교 다녀와서 숙제 먼저 하고 컴퓨터로 놀기. 누나가 학원에 가 있는 두 시간 동안 컴퓨터로 놀고 부족하면 주말에 딱 한 번 30분만 컴퓨터로 놀기.

- 윤이: 학원 갈 준비를 모두 마친 뒤에 학원 가기 전 30분만 하기. 학원에 다녀와서 두 시간만 컴퓨터를 하며 놀고 컴퓨터로 하는 숙제가 있을 때에만 다른 가족이 양보하기.

- 엄마: 현수와 윤이가 학교에 간 시간에 하기. 급한 일이 있을 때에는 저녁을 먹은 뒤에 잠깐 할 수 있음.

- 아빠: 야근하지 않은 날 엄마가 드라마 보는 동안만 하기. 저녁 먹은 뒤에는 설거지 등 집안일을 적극 돕기.

결정된 내용

- 모두의 의견을 반영하여 정한 컴퓨터 사용 시간을 스스로 지키기.
- 주말에는 꼭 가족과 함께 야외 활동하기!
- 집안일은 함께 나눠서 하기!
- 컴퓨터 자리 내어 줄 때 웃으면서 내어 주기.

서로 의견이 나뉘어 답답할 때

보내는 사람: 똘똘이 이모

받는 사람: 귀염둥이 현수

현수야, 안녕? 오랜만에 현수 편지를 받아서 정말 반가웠어. 현수가 보낸 편지를 읽고 생각해 보니 짧은 시간이지만 엄마랑 아빠랑 윤이랑 현수가 서로 힘든 일을 겪었겠구나 생각했어.

엄마는 사건이 벌어질 때마다 빨리빨리 일을 마무리 짓고 결정하기 위해서, 엄마 나름의 선택을 하고 모두에게 강요하다 보니까 독불장군이 되었네. 반대로 윤이랑 현수랑 아빠 입장에서는 모두의 의견이 무시되니까 답답했을 거야. 그렇다고 더 많은 사람이 원하는 대로 의견을 밀어붙인다고 모두가 행복해

지는 것도 아니었어. 그래서 현수가 알쏭달쏭하다고 했을 거야.

현수가 겪은 일처럼 친구나 가족과 서로 어떤 일에 대해서 의견이 다른 경우가 참 많잖아. 그럴 때마다 말다툼을 하거나 싸울 수는 없어. 그럼 어떻게 해야 할까?

그럴 때마다 우리는 서로의 의견을 이야기하는 과정을 거치는데 그걸 '회의'라고 해. 물론 일정한 장소에 모여서 격식을 갖추어 하는 회의도 있지만, 우리가 생활하면서 의견을 나누는 자리도 회의라고 할 수 있어. 회의라는 말이 거창하고 어렵게 들릴 수도 있는데 간단하게 말해서 대화를 통해서 문제를 해결해 나가는 방법이라고 할 수 있지.

    회의를 할 때에는 여러 사람들이 의견을 나누지. 의견을 나누는 방식은 토론과 토의로 나눌 수 있겠다. 둘 다 말이 비슷하다고? 하지만 조금 다른 성격을 가지고 있어. 토의는 어떤 문제에 대해서 그 해결 방안을 찾기 위해 머리를 모아 의견을 내는 과정이야. 토론은 서로 다른 주장을 하는 여러 사람들이 각자의 주장을 펼치며 상대방을 설득하는 과정이야. 찬성과 반대로 나뉘어 자신의 의견을 이야기하기도 해.

그리고 회의를 할 때 널리 쓰는 방법 중 하나가 바로 '다수결'이야. 현수네도 가족회의 때 사용했던 방법이네. 다수결은 알다시피 여러 사람이 거수(손을 위로 들어 올림)를 통해서 찬성과 반대를 가리는 방법이야. 간단하게 결정할 수 있고 많은 사람들의 의견을 반영할 수 있는 건 장점이지만, 반대편에 있는 소수의 의견이 존중되지 않을 때가 있어서 조심해야 해. 많은 사람이 원한다고 해서 꼭 옳은 일은 아니거든.

다수결에 대해 이야기하다 보니 만장일치가 되어야만 결정하는 회의가 생각나네. 신라시대에 있었던 화백회의야. 귀족 대표들이 모여 나라의 중요한 일을 결정할 때 했던 회의인데 꼭 만장일치가 되어야만 결론을 내리는 회의였지. 독특하지? 모든 일을 만장일치로 결정하니 다툼이 없었냐고? 물론 무척이나 어려운 일이지. 그만큼 치열하게 토론했을 거야. 그건 예나 지금이나 마찬가지야. 다수결도 만장일치도 옳기만 한 결정은 아니라는 거야. 토론하는 과정이 얼마나 중요한지 알겠지?

　현수야, 이번 컴퓨터 사건을 잘 기억해 두었다가 다툼이 생길 때에는 어떻게 대화해야 일이 해결되었는지 꼭 떠올렸으면 좋겠어. 항상 차분하게 상대방의 의견을 들으며 대화하려고 노력하자.

　현수랑 윤이가 이번 사건을 통해서 회의와 토론에 대해 관심을 갖게 된 것 같네. 언제든지 궁금한 점이 있으면 이모에게 물어보렴. 이모가 알고 있는 이야기들을 하나씩 하나씩 풀어놓을 테니까. 또 편지하자.

현수랑 윤이가 많이 보고 싶은
이모가

윤이 이야기

난장판 교실
폭탄 맞은 학급 회의
미안해 카드, 괜찮아 카드
회의를 대하는 우리들의 자세

난장판 교실

우리 반 애들은 톡톡 튀는 팝콘처럼 가만히 있지를 않아요. 남자애들은 꼭 아침마다 교실에서 지우개로 축구를 했어요. 뭐가 좋은지 바닥에 뒹굴기까지 하면서 웃는 게 어쩔 때 보면 내 동생 현수보다 더 어린 것 같아요. 나도 교실에 들어가다 문 앞에서 지우개를 맞은 적이 한두 번이 아니에요.

여자애들은 자기를 약 올리는 남자애들이랑 싸우기 바빠요. 여자애들이라고 안 떠드는 건 아니지만 아침부터 시비를 거는 남자애들만 없어도 꽤 조용할 것 같아요.

나요? 나라고 왜 안 떠들겠어요. 여자애들 놀리는 남자애들 잡을 때 맨 앞에는 항상 내가 있는걸요. 그래도 정도는 지킬 줄 알아요. 최소한 선생님이 교실에 들어오면 떠드는 걸 멈출 줄은 알지요.

하지만 반장 소연이는 그런 우리 때문에 엄청난 스트레스를 받았어요. 선생님이 교실에 들어오기 전에 아이들을 조용히 시켜야 했거든요.

"야! 제발 좀 조용히 해!"

목청이 터져라 소리 질러 봤자 남자애들은 귓등으로도 안 들었어요.

그러다 한번은 반장이 울어 버린 날이 있었는데 순간 교실 전체에 찬물을 끼얹은 것처럼 조용해졌어요. 그러면 뭐해요, 금세 서로 반장을 울린 게 누구 탓이냐고 싸우는 소리 때문에 더 시끄러워졌다니까요.

머리끝까지 화가 난 반장을 앞에 두고 내 짝꿍 김재훈은 한술 더 떴어요.

"반장, 또 울려고 한다. 저것 봐. 또 울려고 하잖아!"

그날부터 김재훈은 열 받은 반장 얼굴만 보면 저 말을 하며 깐죽깐죽 장난을 쳤어요. 그러면 반장 소연이도 눈물이 쏙 들어가서 으르렁하고 입에서 불을 뿜으면서 화를 내요. 또다시 교실은 난장판이 되는 거지요.

나도 김재훈 때문에 골머리를 앓는 사람 중 하나예요. 재훈이가 잘못하면 짝꿍인 나한테도 한마디씩 날아오거든요.

"강윤이, 네 짝꿍 좀 잡아 봐."

"윤이야, 네 짝꿍 왜 저래?"

친구들이 나한테까지 하소연하는 데에는 다 이유가 있어요. 우리 반에는 선생님 책상 위에 모둠 바구니가 있었어요. 모둠 바구니에는 선생님이 접은 학이 담겨 있는데, 안 좋은 행동을 한 사람이 있으면 모둠 바구니에서 학을 한 마리씩 뺐어요. 나중에 방학하는 날 선생님이 종이학 안에 쓰여 있는 선물을 나누어 준다고 해서 아이들 기대가 컸어요.

오늘도 우리 모둠 애들은 종이학을 지키려고 노력하는데 김재훈만 종이학 따위는 신경도 안 쓰는 눈치예요. 수업 시간도 가리지 않고 건너 자리에 앉은 상현이랑 쫑알쫑알 계속해서 떠들거든요. 이미 선생님한테 여러 번 혼이 나고, 종이학도 몇 개 빼앗겨서 모둠 애들도 엄청 눈치를 주는데 김재훈만 모른 척했어요.

"야, 김재훈. 너 좀 그만 떠들어."

수업이 시작하고 나서도 계속 떠드는 것을 보고 나는 참다 참다 목소리를 낮춰서 한마디 했어요.

"왜 참견이야?"

김재훈은 대놓고 싫은 내색을 했어요.

"자꾸 너 때문에 종이학도 줄어들고 이게 뭐야? 야, 한상현 너도 말

받아 주지 마."

나는 같이 떠드는 상현이도 미웠어요. 상현이는 나한테 메롱 하고 혀를 날름 내밀었어요. 속에서 불이 났지만 꾹 참고 이를 악물었어요.

"진짜 너네 적당히 해."

내가 화를 내니까 둘은 더 재미있다는 듯 키득거렸어요. 나는 계속 그 둘을 노려보았지요.

"강윤이, 김재훈, 한상현. 자꾸 얘기할 거예요? 윤이는 왜 재훈이한테 말려들어서 같이 떠들어?"

선생님이 엄한 표정으로 나를 지적했어요.

나는 억울해서 얼굴이 새빨개졌어요. 김재훈이랑 한상현은 뭐가 좋은지 계속 키득거렸어요. 다행히 종이학은 빼앗기지 않았지만 모둠 아이들은 조마조마한 얼굴로 나를 쳐다봤어요. 나는 오늘만 꾹 참고 내일 학급 회의 시간에 짝꿍이라도 바꿔 달라고 건의를 해야겠다고 속으로 이를 갈았지요.

하지만 결국 오후에 김재훈이랑 앙금이 터져 버렸어요. 쉬는 시간에 민아랑 교실 앞문으로 나가는데 복도에서 달리기 시합하던 김재훈이랑 퍽 하고 부딪힌 거예요. 가뜩이나 김재훈 때문에 지적당해서 속상한데 미안하다는 말도 없이 뒤돌아 뛰어가는 김재훈을 보니까 성질이 폭발했어요.

"야! 김재훈!"

내 비명을 신호탄으로 남은 쉬는 시간은 김재훈과 나의 전쟁 때문에 또다시 난장판이 되었어요.

폭탄 맞은 학급 회의

다음 날, 드디어 학급 회의 시간이 되었어요.

"지금부터 제 10회 학급 회의를 시작하겠습니다."

반장이 회의의 시작을 알리는 '개회'를 하고 나서 애국가를 부르는 '국민의례'까지는 다들 조용하게 잘 따랐어요. 하지만 학급 회의의 사회자인 반장이 뭔가 큰 결심을 한 듯 주제를 선정하겠다고 했어요.

"이번 주 생활 목표로 정할 회의 주제를 발표해 주세요."

그때 민아가 손을 번쩍 들었어요.

"교실에서 생활할 때 다 함께 지켜야 할 예절에 대해 이야기했으면 좋겠습니다."

기록자 부반장 승혜가 칠판에 큰 글씨로 '교실에서 생활할 때 지켜야 할 예절'이라고 의제를 적자 교실이 술렁이기 시작했어요. 선생님은 주제를 선정하는 것까지 지켜보다가 자리를 비켜 주었어요.

"이런 주제를 선정하고 웬일이야? 호호. 모두 '교실에서 생활할 때 지켜야 할 예절'에 대해 토의해 주세요. 그럼 선생님은 잠깐 교무실에 다녀올 테니, 사회자의 진행에 잘 따르고 질서 있게 회의하세요."

우리 담임 선생님은 학급 회의 시간만큼은 우리가 중심이 되어 진행하길 바랐어요. 그래서 학급 회의 시간에는 자리를 비켜 주는 거예요.

반장은 침을 꿀꺽 삼키며 다시 회의를 진행했어요.

"큼, 교실에서 함께 지켜야 하는 예절에 대해 좋은 의견 이야기해 주세요."

나는 선생님이 나가자마자 기다렸다는 듯이 번쩍 손을 들었어요.

"교실에서 심하게 떠들거나 장난하지 않았으면 좋겠습니다."

내 앞자리에 앉은 민아도 내 의견에 덧붙였어요.

"맞습니다. 특히 김재훈이요. 우리 다 종이학을 지키려고 노력하는데 김재훈 때문에 종이학을 잃어서 모둠 친구들 모두 속상해합니다."

종이학 이야기가 나오자, 상현이네 모둠 애들도 의견을 발표하기 시작했어요.

"김재훈만 그런 게 아니고 한상현도 수업 시간마다 같이 떠들어서 우리도 피해를 봅니다."

그 뒤로도 여러 아이들의 발표가 이어졌어요. 기록자 역할을 하는 승혜는 우리가 발표하는 내용을 부지런히 칠판에 적었어요.

> 회의 주제: 교실에서 생활할 때 지켜야 할 예절
>
> 회의에서 나온 의견
>
> - 교실에서 심하게 떠들거나 장난하지 말자.
> - 친구끼리 싸우지 말자.
> - 김재훈과 한상현은 수업 시간에 떠들지 말자.
> - 김재훈과 한상현은 여자애들을 놀리지 말자.
> - 김재훈과 한상현은 물건을 던지면서 놀지 말자.
> - 교실과 복도에서 뛰지 말자. 특히 김재훈과 한상현을 포함한 남자애들.

나온 의견들을 쭉 살펴보니 우리도 모르게 재훈이랑 상현이를 공격하는 모양새가 되었어요. 나온 의견들을 바탕으로 사회자가 찬성과 반대 의사를 손을 들어 정해야 되는데 반장도 거수에 붙이기 난감한 것 같았어요.

재훈이랑 상현이는 얼굴이 빨개졌어요. 약간 소심한 상현이는 어쩔 줄 몰라 했고 뻔뻔한 재훈이는 번쩍 손을 들고 말했어요.

"왜 우리한테만 그래? 저번에 상현이네 모둠인 박종현도 청소 시간에 장난치다가 걸려서 종이학을 빼앗겼잖아. 그리고 종이학은 우리만 없애는 것도 아닌데 왜 우리한테만 뭐라고 하는 거야?"

상현이도 힘을 얻었는지 손을 번쩍 들었어요.

"아침에 학교에 오면 모두 다 떠드는데 왜 우리만 혼나는지 모르겠습니다."

나는 기가 막혔어요.

"정말 몰라? 너네는 수업 시간에도 떠들고, 장난도 가리지 않고 막 하니까 그렇지!"

김재훈이 눈을 치켜뜨고 나를 노려보더니 손을 번쩍 들었어요.

"강윤이는 왜 손을 들지 않고 이야기하나요? 남의 일에 자꾸 참견을 하는 것도 예의에 어긋난다고 생각합니다."

우리 모둠 아이들은 어이가 없다는 듯 입을 쩌억 벌리고 김재훈을 쳐다봤어요. 재훈이는 아이들의 주목을 받을수록 더 고개를 빳빳하게 들고 불만을 쏟아 냈어요.

"그리고 친구를 보면서 쑥덕거리지 않았으면 좋겠습니다. 또, 짝꿍의 책상에 물건이 넘어오지 않게 조심했으면 좋겠습니다. 또……."

"야, 내가 언제 쑥덕거렸어? 진짜 웃긴다."

나는 화가 나서 벌떡 일어났어요.

그러자 김재훈도 질세라 턱을 앞으로 쭉 내밀면서 고개를 들었어요. 이제는 반장이 이야기하라고 발언권을 주지 않아도 마구 외쳤어요.

"아, 그리고 강윤이는 교실에서 친구에게 폭력을 쓰지 않았으면 좋겠습니다. 넌 왜 이렇게 주먹이 먼저 나가냐?"

"자자, 이제 그만! 조용히 해 주세요!"

반장은 교탁을 탁탁 치면서 우리를 말렸지만, 이미 약이 오를 대로 오른 나는 멈추지 않았어요.

"너 저번에 학원 앞에서 나한테 뭐라고 했어? 쌈닭이라고 했어, 안 했어? 그러니까 너한테 등 돌리고 앉느라 네 책상까지 팔이 넘어간 거지!"

"쳇, 그때 내 등짝 때렸잖아. 그럼 쌤쌤이지!"

"진짜 너 때문에 내가 얼마나 스트레스 받는지 알아?"

"누군 너랑 좋아서 짝꿍 하는 줄 알아?"

"아, 그럼 짝꿍 바꿔!"

나는 눈에서 불이 나갈 것 같았어요. 너무 화가 나서 가슴이 터질 것 같았는데 김재훈은 피식피식 웃으면서 내 말을 받아쳤어요.

"반장, 건의 사항은 언제야? 나 건의할 거 있어. 짝꿍 바꿀래!"

회의가 소란스러워지자 반 아이들 중에서는 그만 싸우라고 말리는 애들도 있고, 그 기회를 놓치지 않고 장난치는 애도 있었어요. 반장은 엉망이 된 회의 때문에 눈물을 글썽였고 나도 결국 책상에 엎드려 눈물을 터뜨리고 말았어요.

그때 드르륵 하고 교실 문이 열렸어요.

"또 난장판이야? 너네는 틈만 나면 왜 이렇게 난리야?"

선생님은 우리 모두의 바구니에서 종이학을 한 마리씩 뺐어요. 싸움을 한 나와 재훈이는 당연히 잘못한 거고, 싸움을 말리지 않은 다른 아이들도 잘못이라고 했어요.

그 시간 뒤로 나랑 김재훈은 눈도 마주치지 않았어요. 재훈이도 오늘은 정말 화가 났는지 장난도 치지 않고 입을 꾹 다물고 있었어요. 더불어 상현이도 시무룩해져서는 하루 종일 고개를 숙이고 있었어요.

나는 그저 재훈이의 행동을 꼬집어 주려고 한 것뿐인데 어떻게 하다가 이 지경까지 갔는지 모르겠어요. 우리의 학급 회의는 어디부터 꼬인 걸까요?

집에 돌아와서 내 방에 앉아 오늘 있었던 일을 하나하나 생각해 봤어요. 평소 같으면 컴퓨터로 메신저에 접속해서 이모나 친구들한테 오늘 사건에 대해 이러쿵저러쿵 얘기했을 테지만 오늘은 조용히 혼자 내 방에 앉아 있었어요. 이틀 전에 엄마가 내린 컴퓨터 금지령 때문에 컴퓨터를 할 수가 없었거든요.

그러고 보니 컴퓨터를 못 하게 된 것도 동생 현수랑 싸워서 그렇게 된 거예요. 재훈이 말대로 난 정말 쌈닭이라도 된 걸까요? 어쩌면 재훈이가 건너편에 앉은 상현이랑 떠드는 것도 짝꿍인 내가 재훈이 말을 잘 안 들어 줘서일지도 몰라요. 재훈이가 너무 얄미우니까 나도 모르게 톡 쏴붙이듯 말하거든요.

어쨌든 짝꿍인데 사이가 틀어졌으니 앞으로 진짜 불편할 것 같았어요. 선생님은 방학할 때까지 절대 짝꿍을 바꾸지 않을 거라고 했거든요. 휴…… 여름 방학까지는 아직 한참 남았는데…….

그때 내 방문 틈으로 동생이 얼굴을 빼꼼 내밀었어요. 저번에 나한테 대들었던 게 괘씸해서 무시하려다가 무슨 말을 하려나 궁금해서 적당히 말을 걸었지요.

"왜 왔냐?"

순간이지만 동생 얼굴에 김재훈 얼굴이 겹쳐 보였어요. 김재훈이 내 책상 너머로 저렇게 얼굴을 내밀면 사과를 받아 줄까 하는 생각이 잠시 스쳤던 것 같아요.

미안해 카드, 괜찮아 카드

다음 날, 교실에 들어서니 매일 소란스러웠던 아침 풍경과는 다르게 조용했어요. 나도 힘없이 자리에 앉아 공책을 펴고 끄적끄적 낙서를 하고 있었어요.

그때 김재훈이 교실에 들어왔어요. 정말 김재훈답지 않게 얌전히 들어와서 조용히 자리에 앉았지요. 성질을 부리긴 했어도 모둠 친구들이 자기를 공격했다고 생각하면 김재훈도 상처를 받았을 것 같아요.

잠시 후 선생님은 조용한 우리 반이 낯설다는 듯 인사를 건넸어요.

"웬일이야? 4학년 2반에 이런 날도 있구나."

선생님은 어제 일을 잊은 듯 환하게 웃으면서 교실로 들어왔어요. 우리는 말없이 선생님을 바라보다가 하나둘 책을 꺼내기 시작했어요. 1교시는 사회 시간이에요. 선생님은 우리를 스윽 보다가 책을 탁 덮고 특별한 제안을 했어요.

"오늘은 교과서에 있는 내용을 배우는 것보다 우리 반끼리 화합하는 것에 대해 이야기해 보는 게 좋을 것 같아. 선생님이 '임시 학급 회의'를 제안하고 싶은데, 너희들 생각은 어때?"

우리는 깜짝 놀라서 동그란 눈으로 선생님을 쳐다봤어요.

"회의의 주제는, 내 짝꿍에게 바라는 점을 이야기해 보는 거야. 어제 '교실에서 생활할 때 서로서로 지켜야 할 예절'에 대해서 회의를 하다가 싸움이 난 걸 보고 선생님도 이것저것 생각해 보았어. 먼저 짝꿍한테 바라는 점을 이야기해 보고 나서 짝꿍과 사이좋게 지내기 위한 규칙을 정하는 게 좋을 것 같은데 모두의 생각은 어떤가요?"

어리둥절해 있던 우리는 곧장 선생님의 의견을 받아들였어요. 그래서 사회자 소연이를 중심으로 다시 회의가 시작됐어요.

"지금부터 임시 학급 회의를 시작하겠습니다. 모두 일어나 앞에 있는 국기를 향하여 서 주시기 바랍니다. 국기에 대하여 경례! 애국가를 부르겠습니다. 큰 소리로 애국가를 함께 불러 주십시오."

아이들은 모두 사회자인 소연이의 말을 잘 따랐어요.

"이번 주 회의 주제는 선생님이 제안하신 내 짝꿍에게 바라는 점을 이야기해 보고 짝꿍과 사이좋게 지내기 위한 규칙을 정하는 것입니다. 자유롭게 의견을 내 주세요."

아이들은 조용히 앞만 바라보고 있었어요. 선생님도 선생님의 자리에 앉아 우리의 회의를 지켜보았어요.

그때, 내 짝꿍 재훈이가 가장 먼저 손을 들었어요. 이번에는 반장이 발표해도 좋다고 이야기할 때까지 차분하게 기다렸지요.

"음, 어제 나온 의견에 대해 저도 생각이 많았습니다. 어제 잘못한 부분을 지적하는 건 많이 했으니까 이제부터는 짝꿍에게 칭찬하는 말도 해 주면 좋을 것 같습니다."

재훈이는 어제와 다르게 머리를 긁적이면서 수줍게 웃으며 말했어요. 그때, 선생님은 싱긋 웃으며 손을 들었어요. 우린 모두 놀랐어요. 원래 우리가 회의할 때에는 선생님이라도 절대 흐름을 끊지 않거든요. 반장도 슬쩍 웃으며 선생님에게 발언권을 주었어요.

"네, 선생님 말씀해 주세요."

"재훈이 어린이부터 짝꿍 칭찬을 시작해 보면 어떨까요? 아니지, 나부터 한번 해 볼까? 선생님은 재훈이의 씩씩한 모습이 참 보기 좋아요."

재훈이는 얼굴을 살짝 붉히며 나를 힐끔 보았어요.

재훈이는 다시 손을 들고 이야기했어요.

"강, 강윤이는 꼼꼼하게 주변 친구들을 잘 챙깁니다. 그리고…… 제가 사과를 하면 사과를 잘 받아 줍니다."

그때 상현이가 손을 들었어요.

"제 짝꿍도…… 사과를 잘 받아 줍니다. 제가 만날 미안하다는 말을 입에 달고 지내거든요. 히히."

상현이네 모둠 아이들이 깔깔깔 웃었어요. 덩달아 우리 모둠 아이들도 하하하 웃었지요. 나는 얼른 재훈이의 사과를 받아 주기로 마음먹었어요. 그때 앞에 앉아 있던 민준이가 손을 들고 기발한 의견을 냈어요.

"그럼 서로 사과를 받아들이는 의미에서 '미안해 카드'와 '괜찮아 카드'를 주고받으면 어떨까요?"

어제 난리를 피우며 마음이 상했을 친구끼리 서로 미안한 마음을 표현해 보면 좋겠다고 생각한 모양이에요. 나랑 마음이 통했어요.

"찬성합니다!"

나랑 재훈이는 동시에 손을 번쩍 들었어요. 멋쩍게 손을 내렸지만 우린 둘 다 씩 웃고 있었어요.

"카드를 주고받는 것도 좋지만 친구에게 하루에 하나씩 칭찬을 하면 좋겠습니다."

좀처럼 발표를 하지 않던 예슬이도 이야기했어요.

아이들은 여러 의견을 이야기했어요. 어제보다 활발하게 회의가 이루어졌어요. 누가 모둠에 피해를 주는지 감시하지 말고 모둠에 도움이 되는 일을 스스로 하자는 의견도 나왔고, 우리를 조용히 시키는 반장의 입장도 헤아려 주자는 의견도 있었어요. 두 의견은 주제와 맞지 않아 실천 내용을 정할 때는 빼기로 했어요.

"다른 의견은 없습니까? 없으면 지금까지 나온 내용 중에서 실천할 내용을 정하겠습니다. 그래도 좋습니까?"

"좋습니다."

아이들이 입을 모아 말했어요.

"싸운 뒤에는 서로 잘못한 것을 사과하고 사과를 받아들인다는 의미로 '미안해 카드'와 '괜찮아 카드'를 주고받자는 의견에 찬성하는 사람은 손을 들어 주세요."

많은 아이들이 민준이의 의견에 찬성했어요.

"25명 중에서 18명이 찬성했습니다. 다음 친구에게 하루에 하나씩 칭찬하는 말을 하자는 의견에 찬성하는 사람은 손을 들어 주세요. 25명 중에서 16명이 찬성하였습니다. 두 의견 모두 실천 내용으로 결정되었습니다. 이상으로 학급 회의를 모두 마치겠습니다."

반장은 활짝 웃으며 회의를 끝냈어요.

우리는 회의 내용을 바로 실천하기로 했어요. 각자 연습장을 한 장씩 꺼내 미안해 카드와 괜찮아 카드를 만들었지요.

잠시 뒤에 재훈이는 내 앞으로 조용히 '미안해 카드'

를 스윽 밀었어요. 나는 놀라서 재훈이를 쳐다봤어요. 삐뚤빼뚤한 김재훈 글씨로 '어제 밉게 말해서 미안함'이라고 쓰여 있었거든요. 나는 '나도 화내서 미안해.'라는 말을 써서 주었어요.

그리고 남은 시간 동안 우리는 서로에게 실컷 칭찬을 해 주었답니다. 좀 간지럽기도 하고 부끄러울 때도 있었지만 용기를 냈지요.

회의 끝에 선생님은 선생님에게 바라는 점에 대해 이야기해 달라고 했어요. 나는 심호흡을 한 번 하고 손을 들었지요.

"이제부터는 잘못했을 때 종이학을 빼지 않고, 좋은 일을 했을 때 바구니에 종이학을 채워 주세요. 오늘처럼 서로한테 계속 칭찬해 줄 수 있게요."

"앞으로는 좋은 일을 했을 때 종이학을 넣어 주는 것으로 규칙을 바꾸자는 의견에 찬성하는 친구들은 손을 들어 주세요!"

우리는 모두 신이 나서 펄쩍펄쩍 뛰며 손을 들었어요. 나는 마음 한구석이 뿌듯해지면서 어깨가 으쓱 올라갔지요. 재훈이도 슬쩍 내 책상 너머로 엄지손가락을 치켜세워 보였어요.

그날 임시 학급 회의의 회의록은 우리 반 게시판에 붙여 두었답니

다. 아주 의미 있는 회의록이니까요. 아이들은 교실 게시판을 지날 때마다 히죽히죽 웃으며 회의록을 바라보았어요.

학급 회의록	
학급 회의 날짜	20○○년 ○월 ○일 참가자 수 25명
회의 주제	내 짝꿍에게 바라는 점을 이야기해 보고 짝꿍과 사이좋게 지내기 위한 규칙을 정해 보자.
회의 내용	• 친구를 비난하기보다는 칭찬을 해 주자. • 갈등이 생기면 싸우지 말고 대화를 먼저 하자. • 내 짝꿍의 좋은 점을 먼저 보자. • 누가 모둠에 피해를 주는지 감시하지 말고 모둠에 도움이 되는 일을 스스로 하자. • 우리를 조용히 시키는 반장의 입장도 헤아려 주자.
결정된 내용	• 친구에게 하루에 하나씩 칭찬하는 말을 하자. • 싸우고 나면 '미안해 카드'와 '괜찮아 카드'를 주고받자. • 좋은 일을 했을 때 바구니에 종이학을 채워 두자.

> **회의를 대하는 우리들의 자세**

똘똘이 이모: 윤이야, 오늘은 짝이랑 화해했어?

최강윤이: 응! 선생님이 특별한 임시 회의를 하게 해 줬어. 짝꿍한테 바라는 점을 이야기하는 게 임시 회의 주제였어. 정말 정식 학급 회의 시간보다 오늘 임시 회의가 더 차분했다니까. 히히.

똘똘이 이모: 정말 잘됐다. 이번 기회에 학급 회의에 대해서 많이 배웠겠다. 학급 회의 형식이나 순서를 지키면서 하는 것이 얼마나 중요한지도 알았을 것 같고. 반장도 마음이 좀 풀렸겠네?

최강윤이: 응, 이모. 그동안 반장이 사회자 역할 하느라고 많이 힘들었나 봐. 마지막에 서로 바라는 점을 이야기할 때, 반장이 자기 이야기에도 귀 기울여 달라고 부탁했어.

똘똘이 이모: 하하. 그래, 회의할 때 사회자 역할이 얼마나 중요한데. 사회자는 반 아이들에게 골고루 발언권도 주어야 하고 의견이 고루고루 나올 수 있게 유도하기도 하지. 결과는 표결에 의해서 정해지지만 그 과정이 원활하게 진행될 수 있게 하는 역할이 쉽지만은 않아. 그 책임감 때문에 그날 엉망이 된 회의가 많이 속상했을 거야. 이건 해 보지 않은 사람은 모를걸.

최강윤이: 게다가 그 문제의 회의 날 우리가 마구 떠드는 바람에 칠판에 회의 내용을 기록하는 부반장도 울 뻔

했어. 회의 기록자가 부반장이었는데 우리가 이야기한 내용들을 전부 칠판에 기록해야 하잖아. 한 사람만 이야기하는 게 아니라 서로 동시에 이야기하는 바람에 부반장이 땀을 뻘뻘 흘리며 기록하다 지쳐 버렸어.

이제부터는 그러진 않을 거야. 우리 반 최고 개구쟁이 김재훈이랑 한상현이 앞으로 장난은 조금만 치고 수업 시간에는 절대 떠들지 않겠다고 약속했거든. 히히. 이모, 나도 재훈이 말 중간에 자르고 내 주장만 했던 것 같아서 미안하다고 했어. 재훈이가 약 올린다고 나까지 흥분해서 소리 지르고 싸운 건 잘못한 거잖아.

똘똘이 이모: 자기가 실수한 걸 인정할 줄 아는 사람은 어른인데, 우리 윤이 마이 컸다아이가~ 히히.

최강윤이: 어휴, 이모 지금 그거 언제적 개그야? 못 살아. 킥킥.

똘똘이 이모: 안 통하네. 호호. 미안 미안. 회의할 때마다 순서랑 질서를 잘 지키기로 유명한 윤이네 반인데 그날은 무턱대고 애들이 마구 손을 들고 얘기해서 반장도 놀랐겠다. 회의할 때 순서는 잘 알고 있지?

최강윤이: 그럼 물론이지. 수업 시간에 배웠으니까. 개회 → 국민의례 → 주제 선정 → 주제 토의 → 표결 → 결정 내용 발표 → 폐회 순으로 진행되잖아.
나름 개회하고 나서 국민의례까진 괜찮았어.

근데 교실 예절에 대해 이야기하자는 주제를 보자마자 모두 할 말이 넘친 거지. 토의가 아니고 싸움으로 끝났지만······.

똘똘이 이모: 그러게 말이야. 서로 상처 주는 이야기들을 많이 했더라. 게다가 발표하는 사람이 있는데도 끼어들고 서로 이야기하겠다고 싸우고 말이야. 회의를 할 때에는 무엇보다 질서를 지키는 게 중요해. 새로운 의견을 내는 사람의 이야기를 잘 듣고 나서 내 의견을 이야기해야 하지. 문제가 생겼을 때 함께 머리를 모아 해결해 나가기 위해 토의하는 거니까. 서로 비난만 하기보다는 해결책을 생각하고 의견을 나누는 것이 좋겠지.

최강윤이: 응. 지금까지는 학급 회의가 형식적이고 지

루한 시간이라고 생각했는데, 이번에 우리 반 종이학 사건을 겪고 나서 왜 학급 회의를 해야 하는지 깨달았어. 친구들이 어떤 어려운 일을 겪고 있는지 알고 다 함께 해결할 방법도 찾으니까 다들 뿌듯해했어. 그리고 반장이랑 부반장만 학급 회의를 진행하면 힘이 드니까 반 아이들이 사회자랑 기록자를 돌아가면서 하기로 했어. 주제도 함께 의논하고! 다음 순서는 나랑 재훈이야.

이모, 그럼 난 재훈이랑 주제 정하러 가야 해. 또 메신저에서 만나요! 사랑해, 이모!

똘똘이 이모: 이모도 사랑해. ^^ 우리 윤이 수고해!

3장

윤이 이야기

스마트폰은 너무해

토론 울렁증

진짜 토론은 지금부터

다른 사람을 설득하고 싶을 때

스마트폰은 너무해

우리 반은 임시 회의 사건 이후로 한동안 평화로웠어요. 모두 밝은 분위기로 여름방학을 맞이했으니 말예요. 나는 방학 동안에 할머니 댁에 가서 이모도 만나고 재미있게 보냈어요.

방학이 끝나 갈 무렵, 오랜만에 친구들이랑 공원에서 만나 킥보드를 타고 놀았어요. 친구들 모습에도 변화가 많았어요. 긴 머리를 짧게 자르고 단발머리를 한 아이들도 있었어요. 김재훈은 키가 한 뼘이나 컸어요. 키가 크니 조금 의젓해 보이긴 한데 자기가 가장 크다며 오빠인 척하는 꼴은 좀 보기 싫더라고요.

그중에서 가장 큰 변화는 '스마트폰'이에요. 개학 날, 아이들은 저마다 자기가 가진 스마트폰을 자랑하고 톡 아이디를 교환하느라 정신이 없었어요. 반에서 절반 이상이 스마트폰을 갖고 있지 뭐예요. 나처럼 스마트폰이 없는 아이들은 옆에서 구경하기는 했지만 살짝 소외되는 기분이 들었어요. 우리 집은 스마트폰에 대해서는 아주 엄격해요. 스마트폰은 꿈도 못 꿔요.

드르륵!

선생님이 들어오자 아이들은 얼른 스마트폰을 가방이나 호주머니 속에 집어넣었어요.

"자, 보자. 우리 개구쟁이들 얼마나 커서 왔나 볼까?"

기분 좋은 미소를 띤 선생님은 우리를 하나하나 둘러보았어요.

"다들 키도 좀 크고 건강해져서 온 것 같네. 우리 2학기도 즐겁게 지내보자. 몇 가지 전달할 것들이 있어요. 여기 집중하고……."

띠리리 띠리리!

아이들이 어리둥절해하며 모두 자기 호주머니나 가방 속을 보기 시작했어요.

"응? 이게 무슨 소리지?"

선생님은 우리 반에 스마트폰을 누가 갖고 있는지 알고 있어서 그쪽을 먼저 바라보았어요. 지난 학기만 해도 스마트폰을 갖고 있는 아이들은 몇 명 안 됐거든요. 하지만 그 아이들은 손을 절레절레 저었지요. 알림음 소리에 대부분의 아이들이 허둥지둥 소지품을 확인하는 모습에 선생님은 놀란 눈치였어요.

"어머, 우리 반 방학 동안 많은 변화가 있었나 보네. 호호."

선생님은 스마트폰을 갖고 있는 아이들이 몇인지 조사하겠다고 했어요. 방학 동안 착한 일을 얼마나 많이 했으면 이런 큰 선물을 받았냐며 웃었지요. 하지만 그건 우리 반의 또 다른 갈등의 시작이었어요.

다음 날, 1교시 사회 시간.

자료를 준비해 와 내가 발표를 하는 시간이었어요. 그때, 어디선가 띠띠 띠띠 하는 소리가 들려왔어요.

"수업 시간인데 누구 스마트폰이 울리는 거지?"

다들 자신의 스마트폰을 확인해도 소리가 멈추지 않았어요. 한참 뒤 예슬이 스마트폰이 울린 걸 알게 됐어요. 멋쩍게 사과하는 예슬이한테 선생님은 주의를 주었어요. 하지만 발표가 중단된 지 시간이 한참 흐른 뒤여서 나는 처음부터 다시 발표를 하느라 허둥지둥 진땀을 뺐어요.

2교시 수학 시간.

"문제를 하나씩 풀어 볼까요? 잘 안 풀리는 친구들은 손을 들어 주세요."

선생님이 교실을 돌며 친구들에게 설명을 해 주고 있을 때였어요. 갑자기 민준이랑 시우가 나를 사이에 두고 키득거리기 시작했어요.

"야, 좀 조용히 해."

내가 면박을 줘도 둘은 알 수 없는 게임 이야기를 하며 내 얘긴 듣지도 않았어요.

화가 나서 시우 쪽을 돌아보는 순간이었어요.

"왜 이렇게 소란스러워졌어? 윤이, 민준이랑 시우! 뭐하는데 이렇게 즐.겁.지?"

저 멀리 있던 선생님이 사나운 얼굴을 하며 우리 쪽을 돌아봤어요. 멀리서 봤을 땐 나도 함께 떠드는 것처럼 보였나 봐요. 나는 억울해서 얼굴이 벌게지고 말았지요.

3교시 시작 전 쉬는 시간.

평소 같으면 시끌벅적하게 뛰어다니던 아이들이 모두 자리에 앉아 있었어요. 슬쩍 들여다보니 모두 스마트폰을 보고 있었어요. 1모둠에 있던 아이들이 키득거리면 4모둠에 있는 아이들도 같이 웃는 거 보면 단체 톡을 하는 것 같았어요.

나는 단짝인 민아에게 화장실에 같이 가자고 했어요. 그러자 민아가 내 쪽은 쳐다보지도 않고 "미안한데 나중에 같이 가자."라며 톡만 하고 있는 거예요. 가뜩이나 스마트폰 때문에 하루 종일 피해만 봤는데 민아까지 이러니 나는 슬슬 열을 받기 시작했어요.

토론 울렁증

5교시 국어 시간이 되자 선생님은 '토론'에 대해 이야기를 시작했어요.

"오늘은 '토론'에 대해 배워 보려고 해요. '토론'이란 어떤 주제에 대해 찬성과 반대로 나뉘어 각자의 주장을 하며 상대방을 설득하는 과정을 말해요. 말로 설명하는 것보다 한번 해 봐야 토론이 뭔지 금방 알게 될 거예요. 그럼 주제부터 정해 볼까요?"

토론이라는 말에 다들 어색해지고 몸이 뻣뻣해지는 것 같았어요.

"토론이라고 해서 거창하고 어색하게 생각하지 말고, 하나의 주제를 정해서 친구들끼리 편하게 이야기한다고 생각해요. 대신 찬성인지 반대인지 입장을 확실히 정하고 근거를 들어 차분하게 이야기하면 돼요. 주제는 일상생활에서 이야기 나누고 싶었던 것이면 무엇이든 좋아요."

그 말에 나는 갑자기 스마트폰이 떠올랐어요.

"교실에서 스마트폰을 사용해도 괜찮을까라는 주제로 하면 어떨까요?"

반장 소연이가 내 생각을 읽기라도 했는지 번쩍 손을 들며 이야기했어요.

나는 안 그래도 불만이 쌓여 있었는데 이번 기회에 이야기하면 좋겠다는 생각이 들면서 토론할 의욕이 마구 솟았어요.

선생님은 칠판에 큰 글자로 토론 주제를 썼어요.

> **주제:** 교실에서 스마트폰을 사용해도 괜찮을까?

요즘 우리 반에서 가장 화제가 되고 있는 주제여서 그런지 아이들도 술렁였어요. 찬성을 할 건지 반대를 할 건지 묻기도 하고요.

"다들 관심 있는 주제인 것 같네. 그럼 찬성하는 쪽과 반대하는 쪽으로 나누어 모둠 안에서 토론해 볼까요?"

예상대로 이번에 새로 스마트폰을 갖게 된 재훈이랑 상현이, 민준이는 찬성하는 쪽에 손을 들었어요. 나랑 소연이는 반대하는 쪽이었지요.

나는 민아를 슬쩍 쳐다보았어요. 민아도 반대하기를 은근 기대했어요. 같은 편에서 이야기하다 보면 아까 서운했던 마음도 풀리지 않을까 싶어서요. 근데 역시 찬성에 손을 번쩍 들었어요.

"지금부터 '교실에서 스마트폰을 사용해도 괜찮을까?'에 대한 토론을 시작해 보자."

소연이가 운을 떼자 상현이가 번쩍 손을 들었어요.

"난 스마트폰이 생기니까 너무너무 좋아. 이것저것 검색하면 재미있기도 하고 궁금한 것도 바로바로 알려 주고. 수업 시간에 궁금했던 걸 쉬는 시간에 검색하면 좋잖아. 그러니 교실에서 사용해도 괜찮은 것 같아."

재훈이가 기다렸다는 듯이 맞장구를 쳤어요.

"나도 일단 재미있어서 좋아. 친구랑 같이 인터넷도 하고 사진도 찍고 얼마나 좋아. 그리고 스마트폰이 생기니까 우리 반 조용해진 것 같지 않아?"

"조용해지긴. 너희 둘이 그 재미있는 스마트폰 보면서 키득거려서 시끄럽지."

내가 말했어요.

"야, 강윤이. 손들고 정식으로 의견을 얘기해, 우리 얘기 말고."

재훈이가 쏘아붙였어요.

학급 회의 사건 이후로 제법 사이가 좋아졌는데 방금 좋은 분위기가 딱 깨지는 소리가 들리는 것 같았어요.

"쳇, 내 의견 말할게. 스마트폰은 모두 알다시피 집중력을 흐트러뜨리기 좋아. 김재훈이랑 한상현도 수업 시간에 딴생각하는 시간이 늘었잖아. 민준이도 혼나고. 다 게임 때문일걸. 쉬는 시간에만 사용하면 된다고 했지만, 알림음을 끄지 않아 수업 시간에도 울리잖아. 텔레비전에서도 학생들의 스마트폰 중독에 대해서 나오는 걸 자주 봤어."

나는 뾰로통해진 마음을 담아 뾰족하게 이야기했어요.

"중독 아니거든!"

김재훈, 한상현, 강민준이 동시에 쏘아붙였어요.

"나도 반대하는 쪽이야."

소연이가 손을 들었어요.

"넌 스마트폰도 갖고 있으면서 왜 반대를 하냐?"

재훈이가 말했어요.

"물론 나도 스마트폰을 갖고는 있지만, 윤이 말처럼 방해가 될 때가 있어. 학교에 있을 때도 집

에서 다른 일을 할 때도 친구들한테 톡이 와 있을까 봐 궁금하고 계속 신경이 쓰이거든. 엄마가 이야기하시는데도 그 생각만 하다 혼난 적도 많아."

나는 소연이 의견에 덧붙였어요.

"그리고 아까 쉬는 시간 생각해 봐. 우리 반은 원래 시끌시끌하게 잘 노는 반인데, 다들 스마트폰 보느라 대화를 나누는 애들도 거의 없었어. 심지어 옆에 앉아 있는데 톡으로만 이야기하고 말이야."

"나도 윤이 의견이랑 같아. 마주 보고 얘기하는 친

구들이 없더라. 게다가 스마트폰이 없는 친구들은 약간 소외감도 들었을 것 같아."

소연이가 이야기했어요.

"같이 보면서 얘기해도 되잖아. 꼭 스마트폰 있는 사람이 따돌리는 것처럼 들려. 잘 몰랐던 정보를 단체 톡 방에서 공유할 수 있으니까 그런 건 좋은 점인 것 같아."

민준이가 툴툴거리며 말했어요.

"소연이가 틀린 말한 것도 아닌데 뭘. 솔직히 스마트폰 없는 사람은 폰 보면서 키득거리는 애들을 보면 기분이 좋진 않단 말이야."

나 역시 입이 쭉 나왔어요. 그때 민아가 말을 꺼냈어요.

"물론 톡으로만 이야기하는 건 문제겠지만 나는 좋은 점도 있다고 생각해. 톡을 하니까 자리가 멀어서 잘 얘기하지 않던 친구랑 친해져서 좋던데. 난 3모둠에 있는 소라랑은 이야기를 거의 못 해 봤는데, 이번에 톡으로 친구 맺고 나서는 소라도 나처럼 사진 찍는 취미가 있다는 걸 알게 됐어."

민아의 얘길 듣고 나니 나는 서운한 감정이 더 커졌어요.

'새로운 친구가 생겨서 이젠 나랑 같이 다니지도 않으시겠다?'

"말로 하기 힘든 얘기를 문자로 쉽게 전달할 수도 있어. 친구랑 싸웠을 때 미안하다고 얘기하기 쑥스러웠는데 이모티콘이랑 함께 문자로 보내니까 금방 화해할 수 있었어."

한상현이 말했어요.

"그건 단점 아니야? 그런 말은 직접 보고 이야기해야지 왜 문자로 하니? 그게 진심인지 알 수 없잖아. 얼굴을 마주 보지 않고 문자로만 이야기하면 오해가 생길 수도 있어. 그런 건 스마트폰의 단점이라고."

나는 더 기를 쓰고 반대 의견을 이야기했어요.

"강윤이 너는 스마트폰이 없으니까 모르겠지. 문자로 얘기해도 진심을 전할 수 있어."

"야, 나도 컴퓨터로 메신저는 해. 그거랑 비슷한 것도 알고. 왜 무시하고 난리야? 그래서 그 싸운 친구랑은 진짜 화해한 거 맞아? 너만 화해했다고 생각하는 거 아냐?"

나는 약이 올라 슬슬 목소리가 커졌어요.

"응. 화해한 거 맞거든."

재훈이가 혀를 날름 내밀었어요.

"김재훈 넌 빠져."

나는 눈에서 불이 나기 시작했어요.

"왜 빠져? 그 문자 받은 사람이 난데."

김재훈과 한상현이 키득거리자 나는 결국 화를 참지 못했어요. 김재훈의 입에서 "어휴, 또 시작이야."라는 말이 나오자 나는 더욱 흥분했지요.

"얘, 얘들아. 싸우지 말자. 나온 의견들 정, 정리해 볼게."

소연이는 급하게 마무리 지었어요.

토론은 끝났지만 우리들 사이에 어색한 공기층이 생긴 것 같았어요. 서로 책만 쳐다보고 옆은 돌아보지 않았거든요. 말다툼이 있었던 후라 키득거리는 소리에도 더 예민해졌어요. 혼자 삐쳐서 민아에게는 말도 걸지 않았고요.

수업이 모두 끝나고, 민아가 다가와 말을 걸어 왔어요.

"윤이야, 집에 가자."

하지만 소라와 함께 스마트폰을 보며 웃고 있는 민아를 본 순간 하루 종일 예민해져 있던 마음이 폭발하고 말았어요.

"폰 있는 사람들끼리 잘해 봐!"

쿵쿵쿵 발소리를 내면서 나는 민아 옆을 스치듯 지나갔어요. 인사도 하지 않고 말예요. 뒤에서 민아가 내 이름을 부르는 소리도 못 들은 척했고요.

내 마음이 좁고 답답하게 느껴졌지만 화가 나는 건 어쩔 수 없었어요. 그저 토론을 했을 뿐인데 왜 이렇게 친구들 사이가 엉망진창이 된 걸까요? 서로 다른 생각을 말한다는 건 그저 편이 나뉘는 걸까요?

다음 날 아침에도 우리 모둠은 서로 인사도 하는 둥 마는 둥 서먹했어요. 민아랑 화해하고 싶었지만 책만 만지작거리다 수업이 시작되어 버렸지 뭐예요.

1교시 국어 시간. 선생님은 다른 주제로 또 토론을 하겠다고 했어요. 우린 모두 얼굴이 어두워지기 시작했어요.

나는 또 토론을 하면 이젠 정말 민아랑 절교하게 될지도 모른다고 생각했어요. 심지어 민아랑 싸우지 않으려면 무조건 같은 편에 서야 한다는 생각까지 했어요.

"먼저 어제 토론을 해 본 느낌부터 이야기해 볼까요? 모둠 친구들이랑 토론을 해 보니 어땠나요?"

선생님이 말했어요.

우리 모둠이 워낙 날카롭게 토론을 진행해서 다른 모둠 아이들 분위기는 살필 겨를이 없었는데 다들 할 얘기가 많아 보였어요.

그때 민준이가 손을 들었어요.

"토론을 하고 나니 친구랑 사이가 어색해졌어요. 우리 모둠은 어제 이야기를 할 때 싸움까지 갔었어요. 게다가 집에 가는 길에 다른 모둠인 시우랑 이 주제로 이야기를 하다 또 말다툼을 할 뻔했어요. 분명 같이 스마트폰을 갖고 놀 땐 좋았는데 시우가 반대 의견을 내니 기분이 좋지 않았어요. 나랑 논 게 재미없었나 하는 생각도 들고요."

"민준이랑 놀 때는 재미있었는데 토론을 할 때에는 반대 의견이 더 생각났던 것뿐이에요. 그런데 민준이랑 의견이 엇갈리니까 기분이 이상해졌어요. 서로 사이가 멀어지는데 토론을 꼭 해야 되는 거예요?"

민준이의 이야기에 시우도 솔직하게 이야기했어요.

"민준이랑 시우가 좋은 질문을 해 주었어요. 토론을 할 때 서로 다른 의견을 이야기해서 사이가 어색해진 친구가 또 있나요?"

선생님의 질문에 나랑 민아는 서로 마주 보며 어색하게 미소 지었어요.

"토론은 찬성과 반대로 나누어 서로를 설득하는 과정이지만, 감정적으로 서로의 의견을 반박하다 보면 올바르지 못한 토론이 되어 버려요. 혹시 대화 도중에 친구의 의견을 비꼬거나 무조건 틀리다고 말한 적은 없었나요? 친구지만 어떤 주제에 대해서 생각이 다를 수 있답니다. 그걸 인정하고 서로의 의견을 존중해 주는 것도 토론을 하면서 갖춰야 할 자세예요. 그럼 오늘은 여러 사람 앞에서 의견을 이야기하는 토론을 해 볼까요?"

토론이라는 말에 나는 또 심장이 쪼그라들었어요. 어제 모둠 친구들끼리 토론한 것만으로도 상황이 이렇게 꼬였는데 반 친구들이 모두 함께 토론을 하면 반 전체 분위기가 더 엉망이 되어 버릴 것 같았거든요.

"토론이라고 이름 붙인다고 해서 너무 긴장할 필요는 없어요. 거창하게 준비하지 않아도 되고요. 일상 속에서도 얼마든지 토론을 할 수 있답니다. 이제 토론을 할 주제를 정해 볼까요?"

> 주제: 체육 시간 중 자유 시간에는 반드시 운동을 해야 할까?

지난 학기에 우리 반에서 꽤 화제가 되었던 주제예요. 체육 시간에 자유 시간이 주어지는데 그때 운동을 해야 되는지에 대해 아이들마다 의견이 다르거든요.

선생님은 학급 회의를 할 때처럼 우리에게 자리를 내 주었어요. 사회는 반장 소연이가 보게 되었어요.

우선 찬성 입장에서 얘기할 사람과 반대 입장에서 얘기할 사람을 뽑기로 했어요. 대표로 두 사람씩 뽑아 의견을 내기로 했지요. 하지만 누구 하나 쉽게 토론 대표로 나서려고 하지 않았어요. 다들 토론 울렁증에 걸려 버린 것 같았지요. 꼭 해야 하냐고 불만 섞인 목소리도 들렸어요. 나도 별로 나서고 싶은 생각까진 없었어요. 이대로 시작도 못 하고 끝나 버릴 것 같은 느낌까지 들었지요.

진짜 토론은 지금부터

 아주 다행인 건 우리가 아주 관심 있어 하는 주제를 정했다는 거였지요. 다들 한마디씩 할 말은 있어 보였는데 선뜻 용기 내는 친구는 많지 않았어요.

 긴 망설임 끝에 우리 반 체육왕 함도현이 용기를 내서 찬성하는 쪽 대표를 하기로 했어요. 도현이는 정말 못하는 운동이 없어서 체육 시간마다 남자애들 사이에서 인기가 최고예요. 활발하고 딱 부러진 은채도 찬성하는 쪽 의견을 내고 싶다고 손을 들었어요.

 반대 입장에 선 사람은 의외로 김재훈이었어요. 평소에 지우개 축구도 좋아하는데 왜 반대를 하나 조금 의아했지요. 그런데 "반대하는 의견을 낼 사람이 한 명 더 필요할 것 같은데······." 라는 사회자의 말이 나오자 김재훈은 나를 스윽 쳐다봤어요.

 "나는 왜? 너랑 같은 편에 서고 싶지 않아."

 "지금까지 선생님 말씀은 뭐로 들은 거야 강윤이. 이건 내 편 서라고 하는 게 아니라 같은 의견을 갖고 있는 사람을 찾는 거야. 너 자유 시간마다 만날 투덜거렸잖아."

얄밉지만 김재훈 말이 맞긴 해요. 찬성과 반대로 나눈다면 나는 반대에 한 표예요. 자유 시간에 운동과 관련된 활동만 해야 한다는 생각에는 반대하거든요. 별로 나서고 싶진 않았지만 김재훈마저 저렇게 진지하게 나오는데 나도 쫀쫀해 보이기 싫어서 반대 의견을 말해 보기로 했어요.

"지금부터 토론을 시작해 보겠습니다. 찬성과 반대를 각각 대표하는 친구들은 의견을 정리해서 앞에 나와 이야기해 주세요."

잠시 생각할 시간을 갖고 토론이 시작되었어요.

"먼저 찬성하는 쪽부터 의견을 말해 주세요."

먼저 찬성을 하는 도현이가 의견을 이야기했어요.

"우리 반은 체육 시간에 가끔 자유 시간을 갖습니다. 그럴 때에는 각자 하고 싶은 운동을 하는데 주로 남자아이들은 축구를 하고 여자아이들은 피구를 하곤 합니다. 가끔은 술래잡기를 하기도 하고요. 하지만 간혹 운동장 한쪽에서 공기놀이를 하는 친구들도 있고 그냥 앉아서 이야기를 하는 친구들도 있습니다. 그래도 체육 시간이니 이왕

이면 활동적인 운동을 하는 게 좋다고 생각합니다."

도현이가 운동만 잘하는 줄 알았더니 발표도 차분하게 잘했어요.

"그 시간은 체육 시간이고 그 시간 안에 주어진 자유 시간이라면 '자유롭게 운동을 하는 시간'이라고 보는 게 맞습니다. 아무거나 해도 된다면 그건 놀이 시간이나 다름없기 때문입니다. 체육 시간 중에 자유 시간은 운동장에서 마음껏 운동하라는 뜻이기도 합니다."

활달하게 뛰어놀기 좋아하는 은채가 야무지게 자기 의견을 냈어요. 물론 나도 술래잡기 등을 하며 뛰어노는 쪽이긴 하지만 어떨 땐 그늘에 앉아 공기놀이하는 게 더 재미있을 때도 있어요. 그러니 딱 하나로 정해 놓고 싶지 않았어요.

"이제 반대하는 쪽 의견을 이야기해 주세요."

"저는 자유 시간에 운동만 해야 한다는 의견에 반대합니다. 체육 시간에 이미 체육을 충분히 하고 있는데 자유 시간마저 꼭 운동을 해야 할 필요는 없다고 생각합니다. 대신 혼자 하는 활동보다는 여럿이 어울리는 놀이를 하면 앉아서 하더라도 충분히 활발하게 놀 수 있다고 생각합니다. 꼭 뛰면서 운동을 하는 것만이 의미가 있는 건 아니니까요. 단체 활동을 하면서 규칙을 익혀 나가는 것도 의미가 있어요. 그러니 공기놀이도 괜찮다고 생각합니다."

재훈이는 장난만 좋아하는 줄 알았더니 저렇게 의젓하게 말할 줄 알았나 하고 놀랐어요.

"체육 시간이라고 꼭 뛰어놀아야만 한다고 제한한다면 그건 '자유 시간'이라는 이름이랑 어울리지 않는 것 같아요. 함께 좋아하는 운동을 하고 놀이를 하는 건 좋지만 꼭 뛰어놀아야 할 필요는 없지 않을까요? 재훈이의 말처럼 여럿이 놀이를 하며 규칙을 배울 수 있다면 어

띤 놀이라도 좋은 것 같습니다. 그리고 축구를 하는 남자애들이 운동장을 넓게 쓰기 때문에 좁은 공간에서 할 수 있는 놀이를 찾다가 공기놀이를 하는 친구들도 있어요. 자유롭게 활동을 하면서 친구들이랑 즐겁게 어울리는 게 더 중요하다고 생각합니다."

　심장이 터질 것처럼 떨렸지만 나도 경험담을 떠올리며 이야기하니 제법 차분하게 이야기할 수 있었어요.

　"나온 의견에 반론해 주세요."

　내 의견에 축구를 좋아하는 도현이가 살짝 얼굴을 붉혔어요.

"물론 축구를 하는 친구들이 운동장을 넓게 이용하는 건 사실이지만 다른 놀이를 하는 친구들을 방해하지 않기 위해 노력하기도 합니다. 서로 방해하지 않게 노력하면서 실내 놀이와 실외 놀이를 균형 있게 해야 건강에도 더 좋다고 생각합니다."

"도현이 의견에 동의합니다. 교실에서는 뛰어놀거나 활동적인 걸 하기 힘들기 때문에 여자아이들도 피구를 하거나 술래잡기 놀이를 하는 건 운동장에서 하는 자유 시간뿐입니다. 체육 시간에 하는 자유 시간에는 그에 맞는 운동을 하면 좋겠습니다."

은채도 도현이 의견에 덧붙였어요.

"반대 의견 말해 주세요."

"물론 활동적인 놀이를 해서 몸을 단련시키는 것도 좋겠지만 친구들 중에는 뛰면서 노는 걸 좋아하지 않는 친구도 있고 그날 몸 상태에 따라 앉아서 놀고 싶은 친구들도 있을 수 있으니 제한을 두지 않았으면 좋겠습니다."

재훈이는 아마 모둠 토론 이후로 토론에 대해 생각이 달라졌나 봐요. 나도 회의 난동 사건 이후로 다른 사람의 의견을 귀 기울여 듣겠다고 다짐했지만 모둠 토론 때 그 다짐이 깨져 버려 마음이 불편했는데 김재훈이랑 다시 마음을 맞춰 토론을 해 보니 마음이 풀어졌어요.

의견을 주고받은 뒤에 의견을 정리하며 마무리하는 시간을 가졌어요.

"자 이제 찬성하는 쪽과 반대하는 쪽 모두 의견을 정리해서 마무리해 주세요. 먼저 찬성하는 쪽부터 이야기하세요."

찬성하는 쪽은 은채가 이야기를 정리했어요.

"체육 시간 중 자유 시간이지만 엄연히 체육을 하기 위한 시간이기 때문에 하고 싶은 운동을 하거나 교실에서는 하기 힘든 놀이를 하는 게 좋다고 생각합니다. 그래야 실내 활동과 실외 활동을 균형 있게 할 수 있고 운동이 부족한 학생들이 몸을 단련할 수 있는 기회가 되기 때문입니다."

마무리는 내가 하게 되었어요.

"체육 시간 중에 자유 시간이 주어지면 운동에만 제한을 두지 않고, 주어진 환경이나 그날 몸 상태에 따라 자유롭게 놀이를 하는 게 좋다고 생각합니다. '자유 시간'이라는 이름에 맞게 하고 싶은 놀이를 자유

롭게 하면서 친구들과 즐겁게 시간을 보낼 수 있는 몇 안 되는 시간이기 때문입니다. 꼭 운동이 아니어도 여러 놀이를 하면서 충분히 체육 정신을 배울 수 있다고 생각합니다."

김재훈이 나를 보며 엄지를 척 들어 올렸어요. 우리 반 공기 대장 민아도 연신 고개를 끄덕이며 내 이야기를 듣는 게 보였지요. 화를 내지 않고도 충분히 내 의견을 당당하게 이야기하고 나니 오히려 후련한 기분까지 들었어요. 나랑 다른 의견을 이야기한 도현이와 은채도 내 의견을 끝까지 들어 주는 모습에 존중받는 느낌도 들었고요.

우리의 의견을 잘 듣고 있던 나머지 친구들은 판정을 하기로 했어요. 결과는 한 표 차이로 우리 의견이 이기게 되었어요.

"토론을 하다 보니 축구하는 애들 때문에 피해 본 애들도 많겠더라."

토론이 끝나고 나서 쉬는 시간에 도현이가 우리에게 와서 이야기를 했어요.

"아, 저번에 공기놀이 하다가 민아가 축구공에 맞은 게 생각이 났어. 술래잡기 할 때에도 축구하는 애들 피해서 할 때도 많았거든. 그런데 축구는 골대가 있어야 하니까 어쩔 수 없지, 뭐. 방해받지 않게 노력하고 있다고 해서 오해가 풀렸어."

나는 웃으며 대답했어요.

"윤이랑 재훈이가 내 의견 대신 말해 주는 것 같아서 속이 시원했어."

민아가 나를 보며 이야기했어요.

"고, 고마워. 민아야. 그리고 저번에 화내고 가서 미안해."

나도 민아를 보며 활짝 웃었지요. 그러고 보면 토론은 갈등을 일으키기 위한 게 아니었어요. 제대로 된 토론을 하고 나니 있던 갈등도 해결이 되니 말이에요. 의견을 주고받는다는 건 쉽지 않지만 예의를 지켜 잘 해내고 나면 문제가 쉽게 해결될 수 있다는 걸 새삼 깨달았지요. 마음이 깃털처럼 가벼워졌어요.

> **다른 사람을 설득하고 싶을 때**

똘똘이 이모님이 입장하셨습니다.

최강윤이: 이모, 아까부터 들어와서 기다리고 있었어!

똘똘이 이모: 왜, 무슨 일 있었어?

최강윤이: 드디어 우리 반 토론 사건이 끝났어. 오늘 내가 반대 의견 토론 대표로 이야기했다니까.

똘똘이 이모: 정말? 이번엔 화내지 않고 잘한 거지?

최강윤이: 정말 내가 쌈닭인 줄 알아?! 나도 마음먹고 하면 잘한다고. 히히.

똘똘이 이모: 토론은 상대방을 설득하는 과정이다 보니까 의견을 나눌 때 어렵지. 찬성과 반대로 나뉘어져 의견을 내다가 논리적이지 못한 말들로 마음을 다치게 할 수도 있어. 싸움을 하는 것과 토론을 하는 건 다른데 말이야.

최강윤이: 응. 지난번에 그러다 싸움이 난 거야. 일단 첫째로 상대방 의견을 끝까지 듣고 그 의견에 반박할 내 의견을 생각해 보는 게 맞는데 쉽지 않더라고. 빨리 받아쳐야 할 것만 같아서 비꼬는 말이 먼저 나갔어. 내 의견에 조목조목 반대하는 의견을 듣다 보면 화부터 나기도 했어.

똘똘이 이모: 하지만 이번 토론에서는 달랐구나?

최강윤이: 공개적으로 토론하는 자리여서 더 차분할 수 있었던 것 같기도 해. 반대하는 의견을 말할 때에도 무조건 내 의견만 주장하는 게 아니라 상대방 의견을 잘 들은 뒤에 그에 맞게 반대 의견을 말하는 것도 중요한 것 같아. 그리고 토론을 하다 보니 서로 이야기하지 않을 때에는 잘 몰랐던 것들도 알게 되었어.

똘똘이 이모: 정말 알차게 토론을 했나 보네. 토론을 제안한 선생님도 뿌듯하셨겠다.

최강윤이: 맞아. 우리가 토론을 잘 해 나가는 걸 보시고는 마음이 한 뼘 자란 거라고 하셨어. 앞으로 우리 반

은 토론할 기회가 많아질 것 같아. 거창한 주제가 아니어도 일상생활 속에서 토론할 주제들이 많다는 걸 이번에 알게 됐거든.

똘똘이 이모: 친구들이랑 토라졌던 마음도 사라졌겠네.

최강윤이: 그래서 더 후련했나 봐. 민아가 수업 끝나고 오해를 풀어 줬어. 사실은 그날 나한테 소라를 소개시켜 주려고 했는데 내가 그날 그렇게 화내고 가 버린 거였어. 이놈의 욱하는 성격 때문에.

똘똘이 이모: 하하하. 오해가 풀렸다니 다행이다.

최강윤이: 응. 앞으로도 친구들이랑 의견이 갈라질 때마다 이번에 토론했던 걸 떠올릴 거야. 회의 시간이 아니라도 문제가 생겼을 때 토론하면서 생각을 공유하면 좋을 것 같아.

똘똘이 이모: 지난번 회의 사건부터 토론 사건까지 거치면서 윤이가 정말 성숙해졌다. 이모도 뿌듯한데!

최강윤이: 고마워 이모! 다음에 나 만날 땐 토론할 준비를 하고 와야 할 것이야. 음하하. 이모 그럼 나중에 또 만나!

현수 이야기

사라진 아빠

아빠는 괴로워

그래도 회의는 필요해

세상을 움직이는 '회의'

사라진 아빠

요즘 우리 아빠 얼굴을 보기가 참 힘들어요. 최근에는 못 본 지 나흘은 되었어요. 아빠는 우리가 자는 사이에 왔다가 우리가 깨기 전에 출근을 한다고 했어요. 첫날에는 그 말을 믿었지만, 이틀, 사흘이 될 때까지 아빠를 볼 수 없게 되자 그 말이 사실이 아닐지도 모른다는 생각이 들었어요.

아빠는 유통 회사 마케팅 팀에서 일을 하는데, 나는 자세하게는 잘 모르지만 물건을 잘 팔기 위해서 여러 가지 일을 하는 팀이라고 아빠한테 설명을 들은 적이 있어요. 물론 전에도 아빠가 야근을 많이 하긴 했지요. 보고서 쓰기부터 회의하기까지 일이 아주 많다고 했거든요. 하지만 보통 하루 야근을 하면 그 다음 날에는 조금 일찍 오곤 했어요.

더 수상한 이유는 내가 아빠한테 전화를 해 보려고 하면 엄마가 펄쩍 뛰면서 야단을 쳤어요.

"아빠 방해하지 말고 나중에 이야기해."

아니, 방해하려는 게 아니고 진심으로 아빠한테 꼭 물어보고 싶은

게 있어서 그런 건데 엄마는 무조건 하지 말래요. 이거 딱 하나만 물어보면 된단 말이에요.

"아빠, 우리만 놔두고 이사 간 거야?"

아빠는 간단하게 '예, 아니요' 둘 중에 하나만 선택해서 대답하면 되는 문제잖아요.

이런 말을 엄마한테 했다가는 쓸데없는 말할 거면 들어가서 책이나 보라고 할 것 같아서 일단 누나한테 말해 보기로 했어요. 누나는 한동안 학급 회의 때문에 짜증이 난다며 예민하게 굴더니 요즘엔 뭐 좋은 일이 있는지 기분이 꽤 괜찮거든요.

나는 엄마가 설거지를 하는 틈에 발꿈치를 들고 스스슥 누나 방으로 다가갔어요.

"누나, 할 얘기가 있어."

누나는 손가락을 까딱까딱해 보였어요. 방으로 들어와도 좋다는 신호예요.

"아빠 말이야. 너무…… 집에 안 오는 것 같지? 수상하지 않아?"

나는 엄마한테 들킬까 봐 최대한 목소리를 낮춰 이야기했어요. 누나는 내 얼굴을 빤히 한 번 쳐다보더니 다시 책상으로 눈을 돌리고 대답했어요.

"응. 요즘 좀 심하긴 하지. 근데 왜?"

"아니, 내가 생각할 때에는 우리가 잠든 사이에 아빠가 들어왔다 나간다는 게 말이 안 되는 것 같아. 뭔가 숨기는 게 아닐까?"

"예를 들면?"

누나가 내 얘기에 관심을 보이는 것 같아서 나는 자신 있게 이야기했어요.

"예를 들면, 아빠가 우리 셋만 여기 남겨 두고 이사를 갔을지도 모른다는 거."

누나는 놀란 표정으로 나를 쳐다봤어요. 아마 내가 추리한 것치고 너무 예리해서 놀란 것 같았어요.

"놀랐어? 걱정하지 마, 누나. 이제라도 내가 알아볼 거니까."

누나는 심각한 얼굴을 하고 내 귀에 속삭였어요.

"현수야……. 아빠가 어디로 이사 갔는지 꼭 알아내서 누나한테도 알려 줘, 응?"

나는 비장하게 고개를 끄덕이고는 내 방으로 돌아왔어요.

오늘부터 마음 편하게 자는 일은 없을 거예요. 작전을 시작할 거니까요.

얼른 연습장을 펴고 우리 집 평면도를 그렸어요. 그리고 아빠의 흔적이 남을 만한 곳에 엑스자로 표시를 했지요. 치밀하게 조사하기 위해서 무엇을 살펴야 하는지 써 내려갔어요.

가장 먼저 해야 할 일은, 엄마의 말이 진실인지 내 눈으로 확인하는 거예요.

작전 1. 잠을 자지 않고 기다렸다가 아빠를 눈으로 확인할 것.

이건 오늘 당장 실행할 수 있는 거예요.

'찬물로 세수를 하고 잠을 쫓아낼 것.'

사실 1단계에서 아빠를 확인하고 나면 너무 시시하게 끝나는 작전이긴 했지만 이보다 확실한 방법은 없을 거예요. 그래도 밤에 잠을 자지 않고 화장실을 들락거리면 엄마가 내 작전을 눈치챌 것 같아서 한 번에 세수를 세 번 정도 했어요. 얼굴이 얼어붙는 것처럼 차가워졌으니 쉽게 잠이 오진 않을 것 같았어요.

하지만 내가 정신이 들었을 때에는 엄마 목소리만 들려왔어요.

"아니, 애가 이불도 덮지 않고 왜 바닥에서 자고 있어?"

휴, 첫째 날은 실패예요.

'밤새 게임을 하며 잠을 쫓아 보자.'

다음 날 두 번째 방법을 쓰기로 했어요. 나는 게임할 때에는 졸리지도 배고프지도 않아요. 이 방법이 현실적으로 가장 좋은 방법이에요.

하지만 그날 밤 게임을 하고 있다가 엄마한테 되레 혼나기만 했어요. 게임을 하려고 안 잔 게 아니고 사정이 있어서 자는 대신 게임을 한 거라고 아무리 이야기를 해도 엄마는 듣지 않았어요. 아니, 그 말을 했다가 더 크게 혼이 났어요. 그날도 침대에서 울다 지쳐 잠들어서 실패. 휴, 아빠를 기다리는 일이란 생각보다 쉽지 않네요.

아빠는 고리로워

아무래도 잠을 자지 않고 기다리는 건 어린 나한테 조금 무리인 것 같았어요. 작전을 조금 바꾸기로 했어요.

작전 2, 빨래 통을 확인하고 탐문 수사를 해서 증거를 잡을 것.

나는 아침에 일어나서 제일 먼저 빨래 통이 있는 다용도실로 달려갔어요. 빨래 통에 양말을 동그랗게 말아서 넣어 놓은 걸 보니 오늘 아침에는 아빠가 왔다 간 것 같아요.

점심에는 엄마에게 탐문 수사를 하기로 했어요. 아빠가 혼자 이사를 가 버리면 제일 힘들어할 사람은 엄마이기 때문이에요. 평소에도 이 많은 집안일을 혼자 하라는 거냐며 아빠한테 푸념을 하거든요. 엄마가 내 수사를 눈치채면 안 되니까 최대한 조심스럽게 물었어요.

"엄마……. 엄마도 아빠 얼굴 본 지 오래됐지?"

"왜, 아들? 요즘 부쩍 아빠를 찾네."

"엄마는 아빠 얼굴 봤어?"

"그럼, 봤지. 어젯밤에도 봤는데?"

어젯밤에도 봤다면……. 머릿속이 복잡해졌어요.

"엄마, 왜 요즘엔 집안일 안 해 준다고 아빠한테 화 안 내?"

엄마는 알 수 없다는 표정으로 나를 쳐다봤어요.

"아빠가 일부러 안 해 주는 것도 아니고, 지금은 해 주기 힘든 사정이 있으니까 어쩔 수 없이 엄마가 감당하는 거지. 근데 엄마가 언제 그렇게 화만 냈다고 그래?"

아이코, 질문이 잘못됐나 봐요. 불똥이 나한테 튀기 전에 얼른 몸을 피했어요. 잠깐, 엄마가 이야기하는 '어쩔 수 없는 사정'은 무엇일까요?

오늘은 기필코 아빠가 들어올 때까지 꼭 기다리기로 했어요. 아무래도 아빠를 직접 만나 물어보아야 이 수사가 마무리될 것 같았지요.

그날 밤, 알람 소리에 눈을 뜨고 이불 속에서 한참을 버텼어요. 소리가 들리지 않는 걸 보면 아직 아빤 오지 않은 게 틀림없어요. 그러다 살짝 졸음이 밀려와 나도 모르게 살짝 눈이 감기고 몸에서 힘이 빠질 때쯤이었어요. '딕딕딕' 현관문 비밀번호 누르는 소리가 들렸어요. 순간 놀라서 벌떡 일어났어요. 그리고 귀를 쫑긋 세우고 내 방문 앞에 섰어요.

소곤소곤 엄마가 아빠를 맞이하는 소리가 들렸어요.

"오늘도 팀 회의했어?"

"응……. 피곤해 죽겠어. 이번 연말 행사 프로젝트 끝날 때까지는 계속 이렇게 연속해서 회의를 할 것 같아. 회의할 내용도 많은데 김 부장이 어찌나 고집을 피우는지 회의가 끝나질 않아."

"후, 힘들어서 어떡해?"

나는 귀를 문에 좀 더 가까이 댔어요.

'회의라고? 회의 때문에 집에 일찍 오지 못한 거야?'

나는 조금 이해가 안 갔어요. '회의'라면 나도 우리 가족끼리 해 봐서 얼마나 힘든 건지는 잘 알고 있어요. 하지만 어른들끼리 모여서 하는 회의는 좀 더 의젓하게 할 텐데 그게 집에 못 올 이유가 되는지 잘 모르겠어요. 한데 아빠의 다음 말이 내 귀에 쏙 들어왔어요.

"응…… 좀 힘드네. 김 부장이 팀원들 말을 당최 들어 줄 생각을 안

해. 팀원들이 밤새 의견 모아서 제출한 보고서를 전혀 고려도 안 하고 내던진다니까. 자기가 낸 의견만 따르라는 식이야. 그건 이미 작년에 실패한 경험이 있어서 새로운 의견을 내기로 한 건데 저리 고집만 피우고 있으니, 원. 오늘은 아예 회의 시간에 우리 이야기를 전혀 듣지 않고 딴생각을 하고 있더라고. 자기 의견에 대한 찬성이 나올 때까지 우길 작정인 것 같아. 우리가 낸 의견을 통과시키려면 내용을 보충해서 설득하는 수밖에 없겠어."

"저런……."

엄마는 아빠의 이야기에 맞장구를 쳐 주었어요. 아빠가 엄마 말고 다른 사람한테 진땀을 빼는 건 처음 봤어요. 김 부장 아저씨야말로 엄마보다 훨씬 센 독불장군인가 봐요.

이제야 내 의문이 스르르 풀렸어요. 아빠가 집에 오지 못한 이유는 그 김 부장 아저씨 때문이었어요. 김 부장 아저씨는 아빠를 비롯해서 팀원들의 말을 들어 주지 않았던 거예요. 나도 회의를 해 보아서 알지만 다른 사람의 이야기를 듣지 않고 계속 고집만 피우면 회의가 진행이 되지 않거든요.

나는 이런저런 생각을 골똘하게 하다가 아빠가 너무 보고 싶기도 하고 불쌍한 아빠를 안아 주고 싶어서 방문을 열고 나갔어요.

"아빠."

"어이구, 우리 아들 아직도 안 잤어?"

"아니, 아빠 얼굴 보려고 깼어. 근데 아빠 왜 이렇게 늦었어?"

"고마워, 현수야. 회사에서 중요한 회의를 하느라 늦게 끝났어."

"그럼 매일 회의하느라 늦은 거야?"

"응. 그렇게 됐네."

나는 아빠의 딱딱해진 어깨를 톡톡 쳐 주면서 말했어요.

"내가 여러 가지로 생각해 봤는데 아빠는 보통 회의를 하고 있는 건 아닌 것 같아. 물구나무를 서서 회의하는 게 틀림없어."

요즘 친구들 사이에서 물구나무서기 연습이 유행이라서 난 그게 얼마나 힘든지 잘 알아요. 내 말에 아빠는 눈이 동그래졌어요. 애기인 줄만 알던 막내가 이런 걸 알았으니 놀랐겠지요.

아빠는 피식 웃으면서 말했어요.

"그런 생각을 다 했어? 그런데 어쩌지? 물구나무서서 하는 것보다 더 힘들게 하는데."

순간 나는 어제 엄마가 보던 요가 동영상이 떠올랐어요. 그래요, 아빠랑 회사 아저씨들은 분명 요가처럼 다리랑 팔을 배배 꼬면서 회의를 하는 걸 거예요. 아빠의 뭉친 어깨를 만져 보니 더 확신이 들었어요.

아빠는 나를 안고 방까지 데려다주었어요. 내가 지금보다 훨씬 어릴 때처럼 침대에 나를 눕히고 뽀뽀를 쪽 해 주더니 방을 나섰지요.

나는 잠들기 직전에 이런 생각을 했어요.

'휴, 이렇게 하기 힘든 회의들을 꼭 해야 하는 걸까? 회의가 없어지면 다 해결되는 거잖아.'

어깨가 딱딱해지고 눈꺼풀이 반은 감긴 아빠의 얼굴과, 요가 동작을 하며 화를 내고 있을 것 같은 김 부장 아저씨의 얼굴이 동시에 떠올랐어요.

어제 텔레비전 뉴스에서 본 장면도 떠올랐어요. 정장을 반듯하게 차려입은 아저씨 아줌마들이 둥글게 둘러서서 삿대질을 하면서 큰 목소리로 소리를 지르고 있었어요.

나는 무슨 영문인지 몰라 엄마한테 무엇을 하는 사람들이냐고 물었

더니 엄마는 법을 정하고 나라의 일을 의논하기 위해 모인 사람들이라고 했어요. 그곳은 국회라는 곳이라고 했고요.
  도대체 왜 모두 그렇게 싫어하고 힘들어하면서 회의를 해야 좋다고 외치고 있는 걸까요? 그걸 알면 회의에서 우리 아빠를 구할 수 있을까요?
  나는 또 한 번 마음속이 복잡해졌어요.

그래도 회의는 필요해

오늘은 학교에서 돌아와서 컴퓨터도 하지 않고 누나를 기다렸어요. 현관문을 열고 들어오는 소리가 들리자 나는 서둘러 누나한테 달려갔지요.

"누나!"

누나가 깜짝 놀랐다가 씩 웃었어요.

"네가 웬일이야? 나를 이렇게 반기고."

지금 누나가 놀리는 말에 대꾸할 때가 아니었어요.

"누나, 내가 알아냈어."

"뭘?"

"아빠 말이야. 아빠가 왜 자꾸 안 오는지!"

"뭔데? 정말 이사 갔대?"

누나는 약간 놀리듯 과장된 표정을 짓고 말했어요. 순간 내가 알아낸 정보를 공유하고 싶지 않아졌지만 그래도 이게 어떻게 된 일인지 알려면 누나의 도움이 필요하니 어쩔 수 없었어요.

"아, 아니. 그게 아니고, 회의 때문이었어! 김 부장 아저씨 때문이랬어."

나는 누나가 굉장히 놀랄 거라고 생각했어요. 회의 때문이라니, 누나가 이런 생각을 해 보기나 했을까요? 자기만 회의 때문에 골머리를 앓는다고 생각했겠지요? 늘 자기밖에 모르니 말예요.

하지만 내 예상과는 다르게 누나는 갑자기 배를 잡고 깔깔깔 웃었어요.

"아, 아빠가 회의 때문에 늦었구나. 엄청난 걸 알아냈네. 까르르."

나는 기분이 나빴지만 꾹 참았어요.

"뭐야? 누나는 뭔가 알고 있는 거야?"

"아, 아니. 난 또 네가 너무 비장한 표정으로 말하기에 정말 대단한 걸 알아낸 줄 알았지. 으하하."

누나는 반은 웃고 반은 우는 표정으로 나한테 말했어요.

누나는 아직도 이 일이 얼마나 심각한 일인지 잘 모르는 것 같았어요. 나는 한숨을 푹 쉬면서 좀 더 설명해 주었어요.

"그래서 내가 다시 아빠한테 물어봤어. 물구나무서기 회의냐고 물어봤는데 아빠가 뭐라고 했는지 알아? 아빠는 더 어려운 자세로 회의한다고 했어. 누난 어떤 건지 짐작이 가? 나도 잘 모르겠지만 김 부장 아저씨가 그거 못 하면 집에 못 가게 하나 봐. 우리 태권도 선생님처럼 할 수 있을 때까지 계속 시키는 스타일 같다니까."

"야, 물구나무서기 회의가 뭐야? 꺄하하하."

누나는 눈물을 흘리면서 웃었어요.

그때 우리 이야기를 듣고 있던 엄마도 같이 배를 잡고 웃더니 나를 쳐다보면서 다시 이야기했어요.

"하하하. 우리 현수가 아빠 걱정 많았네. 현수가 생각하는 것처럼 아빠는 지금 정말 어려운 회의 중일 거야. 아빠가 정말 힘드시겠다, 그렇지?"

나는 비웃음을 당한 것 같아서 마음이 상하려고 했는데 엄마가 나와 누나를 다정하게 안아 주어서 조금 누그러졌어요. 그렇게 잠시 우리 셋이 꼭 안고 아빠를 생각하고 있으니까 아빠랑 함께 있는 것처럼 느껴지기도 했어요.

그때, 누나가 씩 웃으면서 이런 제안을 했어요.

"엄마, 우리 가족회의 하자."

엄마랑 나는 깜짝 놀라서 동시에 외쳤어요.

"가, 가족회의?"

누나가 요즘 자기 반에서 사회자를 한번 맡더니 재미가 붙었나 봐요.

"그래, 가족회의! 주제는, 아빠의 기를 살리자!"

우리는 순간 쿡 하고 웃어 버렸어요.

재빨리 화이트보드를 꺼내고 우리는 회의를 시작했어요. 누나는 진지하게 회의의 시작을 알렸어요.

"그럼 지금부터 아빠의 기를 살리자는 주제로 가족회의를 해 보겠습니다. 좋은 의견이 있으면 이야기해 주세요."

좋은 방법이 없을까 곰곰 생각하다가 문득 누나의 이야기가 생각났어요. 누나네 반에서는 친구들과 싸우거나 서운한 일이 있으면 '미안해 카드'를 준다고 했어요. 우리는 아빠한테 쿠폰을 선물하면 좋을 것 같았어요.

"아빠가 사용할 수 있는 쿠폰을 만들어 주고 싶어. 아빠가 원하는 걸 우리가 해 주는 거야. 안마 쿠폰이나 뽀뽀 쿠폰!"

"찬성합니다. 하하하."

엄마와 누나가 내 머리를 쓰다듬으며 웃었어요.

"그럼 나는 뽀뽀 쿠폰 만들래. 유치원 다닐 때 아빠한테 만들어 준 적 있는데 아빠가 얼마나 좋아했는데!"

누나가 말했어요.

"그 쿠폰 아빠가 엄청 아끼고 아껴서 쓴 거 알지? 호호."

누나는 또다시 손을 들더니 깜짝 파티를 하고 싶다고 했어요. 엄마와 나도 찬성을 했어요. 우리는 신이 나서 여러 의견들을 냈고 화이트보드는 금세 가득 찼지요.

엄마는 야식을 준비해 주기로 결정했어요. 우리는 파티 느낌이 나게 거실을 꾸미는 역할을 맡았고요. 우리는 얼른 문방구로 달려가 풍선이랑 색종이를 샀어요. 그리고 누나의 특기를 발휘해서 거실을 꾸미기 시작했지요. 누나는 나한테 우리 가족을 예쁘게 그리는 임무를 주었어요. 엄마도 오늘만큼은 누나를 대장님으로 생각하고 작전에 잘 따라 주었어요.

저녁이 되고 '띡띡띡' 현관문 열리는 소리가 났어요. 아빠는 어두컴

컴한 집 안으로 최대한 소리를 내지 않고 들어오려고 했어요. 우리가 다 자고 있다고 생각했겠지요. 잔뜩 웅크린 아빠의 그림자가 오늘따라 더 작아 보였어요.

우리는 소파 옆, 신발장 옆, 작은 방 문 뒤에 각자 잘 숨어 있었어요. 아빠가 신발을 벗고 뒤를 도는 순간, "왁!" 하고 튀어나와 놀래 주었지요. 아빠는 정말 깜짝 놀라서 깔깔깔 웃는 우리를 바라보고 한동안 멍하니 서 있었어요.

그다음은 어떻게 되었냐고요? 당연히 아빠는 감동의 눈물을…… 흘리진 않았고 얼굴이 발갛게 달아오르긴 했어요.

아빠는 우리와 야식을 먹으면서 아빠를 괴롭힌 회의에 대해 이야기해 주었어요. 아빠네 회사는 판매를 높이기 위해 하는 연말 행사를 기획하는 회의를 한 거래요. 한데 팀원들이 낸 의견을 김 부장 아저씨는 무시해 온 거예요.

하지만 결국 김 부장 아저씨도 허락했다고 했어요. 팀원들과 아빠가 밤새 방법을 연구하고 자료를 모아 보고서를 만든 노력을 그냥 무시할 순 없었나 봐요. 아빠는 나와 다른 의견을 가진 사람들을 설득하기 위해서는 그만큼의 노력과 이해가 필요하다고 했어요.

　세상에 모든 회의가 이렇게 행복하게 끝나면 얼마나 좋을까요? 아빠를 힘들게 한 회사 회의, 누나네 반을 엉망으로 만든 학급 회의, 우리 넷만 해도 어려웠던 가족회의까지 다 잘 해결되었잖아요. 앞으로도 회의는 이어지겠지요? 어떤 회의든 모두를 이롭게 하는 회의였으면 좋겠어요. 이번 가족회의는 나한테도 잊지 못할 추억이 되었으니 앞으로는 회의를 먼 이야기라고 생각하진 않을 거예요.

> **세상을 움직이는 '회의'**

보내는 사람: 똘똘이 이모
받는 사람: 귀염둥이 현수

현수야, 이모야. 오늘 이모랑 메신저하기로 했는데, 이모가 중요한 회의 때문에 늦게 끝났네. 미안해. 그래서 현수가 보낸 메일을 보자마자 곧장 답장하는 거야.

그러고 보니 아빠도 요즘 회의 때문에 늦게 끝나는구나. 현수가 아빠의 회의에 대해 그런 기발한 생각을 했다니 현수가 보낸 메일을 보고 나서 이모가 얼마나 웃었는지 몰라. 한편으로는 현수도 많이 컸구나 하고 기특했어.

이런 얘기들은 내일 다시 메신저에서 만나면 해 주기로 하고, 오늘은 이모한테 질문한 것들을 먼저 알려 줄게.

현수는 가족회의, 학급 회의, 아빠의 회사 회의 말고는 잘 모른다고 했지? 회의의 종류에 대해 알고 싶다고 했으니까 메일로 간단하게 설명해 줄게.

회의는 생활 곳곳에 숨어 있어. 가족끼리 하는 가족회의, 반 친구들끼리 학급의 이모저모를 논의하는 학급 회의, 마을에서 일어나는 일들에 대해 마을의 구성원끼리 모여 의논하는 마을 회의, 회사에서 일을 좀 더 빠르고 정확하게 해결하기 위해 머리를 모으는 회의까지 다양하지. 더 나아가서 나라의 일을 논의하거나 나라의 대표들이 모여 세계의 발전을 위해 토론을 하는 회의도 있어.

그럼 나라의 일을 어디에서 논의를 할까? 우선 국회에서 나라에 필요한 일들을 토의해. 국회 회의를 이끄는 국회 의장을 중심으로 법을 정하고, 행정부가 일을 잘하는지 감시하고, 매년 나랏일에 돈을 얼마나 쓸 건지 예산도 정하고, 정부의 정책을 동의할 건지 논의하기도 해.

회의를 진행하는 사람들은 국회의원이야. 국민들이 뽑은 국회의원들이 국민을 대신해서 표결을 진행하는 거야. 때문에 국민들은 국회에서 진행되는 일에 눈과 귀를 활짝 열고 관심을 가져야 해.

대통령과 국무총리, 국무 위원들이 모여 나라의 정책을 논의하고 심의하는 '국무 회의'도 있어. 나라의 앞날을 결정할 수 있는 무척 중요한 회의지. 이 회의는 국무총리가 중심이 되어 진행하고 다수결의 원칙을 통해서 주요 정책을 심사하고 토의한단다.

나라 밖에선 어떤 회의가 이루어지고 있을까? 국제 연합(UN)이라고 들어 봤니? 세계 여러 나라 대표들이 모여서 세계의 안전과 평화를 유지하기 위해서 회의를 하는 국제회의 기구야. 제2차 세계 대전 이후에 결성된 회의 기구지. 다시는 끔찍한 세계 전쟁이 일어나지 않도록 함께 대책을 만들고 협의하자고 대표들이 모인 자리야. 물론 정치, 경제, 사회, 문화

등 모든 분야에서 국제 협력이 필요한 일이라면 힘을 합쳐 해결하고자 하는 회의 기구란다.

경제 분야만 세분화해서 논의하는 경제 협력 개발 기구(OECD)도 있어. 뉴스에서 한 번쯤 들어 봤을 거야. OECD는 세계의 경제 협력을 위해 만들어진 회의 기구야. 모든 나라가 해당되는 건 아니고, 정치 제도와 법 체계가 확립되었는지 사회 보장 제도를 갖추었는지 경제 발전의 잠재력이 있는지를 판단해서 가입을 할 수 있어. 우리나라도 가입국 중 하나이지. 가입국들은 무역을 확대하고 경제 성장에 도움이 될 수 있는 것들을 의논해. 그리고 경제 발전이 진행 중인 개발도상국들의 재정이 안정될 수 있도록 돕기도 하지.

그 외에도 현수가 잘 아는 국제 축구 연맹(FIFA)도 있어. 국제 축구 연맹은 축구 경기의 발전을 위해서 논의하고 대회를 주최하기도 해. 축구뿐만 아니라 다른 운동 종목도 국제회의 기구들을 갖춘 종목이 많아.

행정, 경제, 문화, 스포츠까지 국제기구의 종류는 매우 다양해서 여기에서 모두 설명할 수는 없지만 세계 곳곳에서 각 분야의 발전을 위해 대표들이 모여 회의를 진행하고 있다는 사실을 기억해 줘.

정책을 결정하고 운영하는 회의 외에도 문화에 대한 자신의 생각이나 감상을 발표하는 형식의 회의도 있어. 서로의 주장을 이야기하는 토론보다는 각자의 생각을 여러 사람 앞에서 발표하고 생각을 나누는 회의라고 할 수 있어.

특정한 주제에 대해서 두 사람 이상의 전문가가 다양한 의견을 발표하고 전문가와 참석자가 질의응답을 하는 회의를 '심포지엄'이라고 해. '집단 토론 회의'라고 할 수 있지. 사회자의 지도 아래 한 사람 또는 여러 사람이 연설을 한 다음, 그에 대하여 청중이 질문하면서 토론을 진행하는 것은 '포럼디스커션', 줄여서 '포럼'이라고 하지. 공공의 문제를 공개적으로 토의하고 해결 방안을 찾는 회의야.

현수가 친구들이랑 자주 하는 '독서 토론'도 회의의 한 종류야. 책을 읽고 나서 각자 느낀 감상을 이야기하고 같은 생각이나 다른 생각을 갖고 있는 친구들의 이야기도 듣는 자리잖아. 현수도 이미 회의를 활발하게 하고 있었던 거야. 그러니까 회의는 우리와 멀리 떨어진 이야기가 아니라 생활 속에서 늘 겪고 있는 일 중 하나인 거지.

그리고 우리가 뽑은 대표들이 나서서 하는 국회나 국제회의 기구도 결국 넓게는 우리 모두가 참여하는 회의인 거야. 세상을 움직이고 있는 이 수많은 회의들을 우리의 힘으로 이끌어 가고 있는 거지.

그러니 꼭 기억해야 할 것이 있어. 몇몇 사람의 의견만으로는 세상을 이끌어 갈 수 없고, 그렇게 세상을 끌어가는 건 아주 위험한 일이기 때문에 많은 사람들이 다양한 의견을 내면서 활발하게 회의가 이루어져야 한단다. 세상을 이끌어 가는 힘이 '다양성'에서 출발할 때 더 많은 사람들에게 이로울 수 있거든. 지루하기만 할 줄 알았던 회의가 참 멋진 일이라는 걸 이제는 알았지?

  앞으로 현수는 살면서 많은 회의들을 거치게 될 거야. 그때마다 듣고, 설득하고, 설명하는 과정을 잘해 나갈 때 좀 더 멋진 어른으로 성장해 나갈 수 있을 거야. 친구나 누나와 의견이 나누어지면 다투기보다는 서로 토론하고 양보하며 해결해 나가는 걸 먼저 연습해 봐. 자연스럽게 회의의 과정이나 역할을 깨달아 갈 수 있을 거야.

  또 궁금한 것이 있으면 언제든지 메일 보내렴.

  항상 응원할게!

현수랑 윤이를 아주 많이 사랑하는
이모가

학급 회의록			
학급 회의 날짜	20○○년 ○월 ○일	참가자 수	명
회의 주제			
회의 내용			
결정된 내용			

가족 회의록	
작성자	
일시	
장소	
참석자	
내용	